현지에서
바로바로 써먹는
여행 일본어

현지에서
바로바로 써먹는
여행 일본어

초판 2쇄 2017년 9월 1일

지은이	아이엠북스 컨텐츠 기획팀
펴낸이	신성현, 오상욱
영업관리	허윤정
펴낸곳	도서출판 아이엠북스
	(153-802) 서울시 금천구 가산디지털2로 14 1116호 (대륭테크노타운 12차)
대표전화	02-6343-0999
팩스	02-6343-0995
출판등록	2006년 6월 7일
	제 313-2006-000122호
ISBN	978-89-6398-005-8 13730

저자와의 협의에 따라 인지는 붙이지 않습니다.
잘못된 책은 구입하신 곳에서 교환해 드립니다.
이 책에 게재된 내용의 일부 또는 전체를 무단으로 복제 및 발췌하는 것을 금합니다.
www.iambooks.co.kr

머리말

여행을 떠나는 것은 늘 마음을 설레게 하는 일이죠. 더구나 그게 해외여행이라면 더 말할 나위도 없죠. 낯선 곳에서 낯선 사람들을 만나는 일은 모든 이들에게 색다른 경험을 제공하죠. 하지만 그런 들뜬 기분에 빠져 준비를 소홀히 한다면 여행의 즐거움이 반감될 수도 있겠죠.

가장 먼저 여권을 확인하세요. 여권이 없으신 분은 당연히 만드셔야 하지만 여권이 있으신 분도 반드시 유효기간을 확인해보세요. 보통 만료일이 3개월 이상 남아 있어야 안전합니다. 간혹 여권이 만료되었거나 남은 유효기간이 짧아 출국을 못하는 경우도 생기거든요. 그리고 항공 티켓을 구입할 때 반드시 여권의 영문명과 동일해야 한다는 것도 기억하세요.

다음으로 여행할 국가와 지역의 관광지나 여행정보를 미리 조사해보고 여행일정을 잡아서 떠나는 게 좋겠죠. 요즘 인터넷에서 검색하면 지역별로 가볼 만한 곳에 대한 자료를 쉽게 얻을 수 있습니다. 그리고 그 지역의 지하철 노선도까지도 쉽게 구할 수 있습니다. 여행일정을 잡고 이동할 동선을 미리 파악해두는 것이 모처럼 떠난 여행을 좀더 알차게 즐길 수 있는 방법이겠죠. 그리고 그 나라의 인사말 몇 마디 정도는 미리 숙지해두고, 의사소통을 위해 여행회화 책 한 권 정도는 챙겨서 가는 게 좋겠죠.

마지막으로 이제 짐을 꾸려야겠죠. 막상 해외여행을 떠난다고 생각하면 욕심이 앞서 필요 이상의 짐을 챙기는 경우가 있는데, 그러면 그야말로 짐이 되겠죠. 여행일정과 목적에 맞게 적당한 짐을 꾸리는 것도 하나의 요령입니다. 이런 말이 있죠. 출발 하루 전에 짐을 꾸려 출발 전에 반을 덜어내라는…

자, 이제 모든 준비가 끝났다면 즐거운 여행을 떠나볼까요?

Contents

여행 준비   10

I 기본 표현   17
1. 만났을 때 · 헤어질 때의 인사   18
2. 감사 · 사과의 표현   21
3. 소개하기   25
4. 질문하기   27
5. 부탁 · 허락하기   29

II 출입국   33
1. 항공권 예약   34
2. 항공권 취소 및 변경   38

3. 발권 및 수화물 탁송	41
4. 탑승 및 좌석 찾기	45
5. 기내 서비스	50
6. 기내 쇼핑	56
7. 환승	59
8. 입국 신고서 작성	63
9. 입국 심사	64
10. 수하물 찾기	69
11. 세관 검사	72
12. 환전	74
13. 공항 여행 안내소	76
14. 공항에서 도심으로	79

Ⅲ 숙박 — 81

1. 호텔 예약	82
2. 체크인	92
3. 룸서비스	101
4. 기타 서비스	108
5. 편의 시설	111
6. 체크아웃	117

Ⅳ 식사 — 123

1. 식당 예약	124
2. 주문하기	128

3. 필요한 것 부탁하기	133
4. 술집	137
5. 패스트푸드점에서	142
6. 계산하기	146

V 교통 — 153

1. 길을 묻는 표현	154
2. 지하철 이용	157
3. 버스 이용	160
4. 택시 이용	166
5. 렌트카	170
6. 기타 교통편	175

VI 관광 — 179

1. 관광 안내소	180
2. 유람선 관광	184
3. 사진 촬영	187
4. 미술관 · 박물관	191
5. 영화 · 공연	194
6. 시내 관광	199
7. 유흥업소	202

VII 쇼핑 — 211

1. 기본 표현 — 212
2. 면세점 — 217
3. 의류 · 신발 — 220
4. 귀금속 · 악세서리 — 226
5. 화장품 — 230
6. 전자제품 — 233
7. 편의점 — 237
8. 가격 흥정 — 241
9. 교환 · 환불 — 245

VIII 통신 — 249

1. 전화 — 250
2. 인터넷 — 254
3. 우체국 — 256
4. 은행 — 259
5. 미용실 — 262

IX 문제 해결 — 265

1. 길을 잃었을 때 — 266
2. 분실 및 도난 — 269
3. 교통사고 — 272
4. 증상 말하기 — 275

5. 병원　　　　　　　　　　　279
6. 약국　　　　　　　　　　　283
7. 긴급 상황　　　　　　　　287

부록 단어 찾기　　　　　　　　289

여행 준비

오십음도

* 히라가나

あ	か	さ	た	な	は	ま	や	ら	わ	ん
아	카	사	타	나	하	마	야	라	와	。
い	き	し	ち	に	ひ	み		り		
이	키	시	치	니	히	미		리		
う	く	す	つ	ぬ	ふ	む	ゆ	る		
우	쿠	스	츠	누	후	무	유	루		
え	け	せ	て	ね	へ	め		れ		
에	케	세	테	네	헤	메		레		
お	こ	そ	と	の	ほ	も	よ	ろ	を	
오	코	소	토	노	호	모	요	로	오	

* 가타카나

ア	カ	サ	タ	ナ	ハ	マ	ヤ	ラ	ワ	ン
아	카	사	타	나	하	마	야	라	와	ㅇ
イ	キ	シ	チ	ニ	ヒ	ミ		リ		
이	키	시	치	니	히	미		리		
ウ	ク	ス	ツ	ヌ	フ	ム	ユ	ル		
우	쿠	스	츠	누	후	무	유	루		
エ	ケ	セ	テ	ネ	ヘ	メ		れ		
에	케	세	테	네	헤	메		레		
オ	コ	ソ	ト	ノ	ホ	モ	ヨ	ロ	を	
오	코	소	토	노	호	모	요	로	오	

* 탁음, 반탁음

が	ぎ	ぐ	げ	ご
ガ	ギ	グ	ゲ	ゴ
가	기	구	게	고

ざ	じ	ず	ぜ	ぞ
ザ	ジ	ズ	ゼ	ゾ
자	지	즈	제	조

だ	ぢ	づ	で	ど
ダ	ヂ	ヅ	デ	ド
다	지	즈	데	도

ば	び	ぶ	べ	ぼ
バ	ビ	ブ	ベ	ボ
바	비	부	베	보

ぱ	ぴ	ぷ	ぺ	ぽ
パ	ピ	プ	ペ	ポ
파	피	푸	페	포

* 요음, 촉음

요음은 'きゃ, ちゃ, ひゃ, きゅ, ちゅ, ひゅ, きょ, ちょ, ひょ'처럼 い단의 글자 뒤에 작은 よ음이 붙는 것으로 '캬, 챠, 햐, 큐, 츄, 휴, 쿄, 쵸, 효'와 같이 이중모음으로 발음하면 된다.

촉음은 がっこう, きって, はっぴょう처럼 작은 つ가 붙는 것으로 '각코-' '깃떼' '핫뾰-'와 같이 뒤에 오는 글자의 발음에 맞춰서 앞글자에 받침을 붙여주면 된다. ん도 받침으로 쓰이는 글자인데, 뒤에 오는 글자의 발음에 따라 'ㄴ, ㅁ, ㅇ'으로 발음이 된다.

* 일본과 일본문화

일본은 70여 개의 크고 작은 섬이 남북으로 길게 뻗어 있는 열도(列島)국가이다. 혼슈(本州), 시코쿠(四国), 큐슈(九州), 홋까이도(北海道)의 네 개의 큰 섬이 있고, 홋카이도(北海道), 도호쿠(東北), 간토(関東), 쥬부(中部), 긴키(近畿), 쥬고쿠(中国), 시코쿠(四国), 큐슈(九州)의 8개 지방으로 구분할 수 있다. 이

중 혼슈가 가장 큰 섬이고, 도호쿠(東北), 간토(関東), 쥬부(中部), 긴키(近畿), 쥬고쿠(中国) 등의 다섯 개의 지방이 혼슈에 속해 있다.

기후는 대부분의 지역이 우리나라와 같은 온대기후대이지만, 남북으로 길게 늘어서 있어 아열대(오키나와)부터 아한대(홋카이도)까지 다양한 기후대가 존재한다. 국토의 70%가 산지로 이루어져 있고, 환태평양 조산대에 속해 있어 지진과 화산활동이 빈번히 발생한다. 지진으로 인한 해일이 자주 발생해 쯔나미(つなみ・津波)라는 일본식 명칭이 국제적으로 쓰일 정도이다. 우리나라보다 동쪽에 위치해 있어 해가 뜨고 지는 시간이 30분 정도 더 빠르다.

일본의 행정구역은 토도후켄(都道府県)으로 이루어져 있는데 하나의 都(東京都), 하나의 道(北海道), 그리고 2개의 府(大阪府, 京都府), 43개의 県이 그것이다. 都道府県은 우리나라의 도나 광역시에 해당하는 행정단위이고, 인구는 약 1억 3천 명이다. 간토지방(도쿄, 사이타마, 치바 등이 여기에 속함)은 1개의 都와 6개의 県, 도호쿠(아오모리, 후쿠시마 등이 여기에 속함)는 6개의 県, 긴키(오사카, 교토 등이 여기에 속함)는 2부와 5현, 쥬부(니가타, 나가노 등이 여기에 속함)는 9현, 쥬고쿠(돗토리, 히로시마 등이 여기에 속함)는 5현, 시고쿠(도쿠시마, 가가와 등이 여기에 속함)는 4현, 규슈(후쿠오카, 오키나와 등이 여기에 속함)는 8현으로 구성되어 있고, 홋카이도(삿포로가 여기에 속함)는 현이나 부 없이 14개 지청으로만 구성되어 있다.

통화는 엔(円)화를 사용하는데 100엔당 1320원(2009년 6월 기준) 정도이다. 화폐의 종류는 1만엔, 5천엔, 2천엔, 1천엔짜리의 4종의 지폐가 있고, 500엔, 100엔, 50엔, 10엔, 1엔짜리의 5종의 동전으로 구성되어있다.

전압은 우리와 다르게 100V를 사용하고 있기 때문에 전자제품을 충전할 필요가 있는 경우 어댑터를 꼭 챙겨가야 한다. 그리고 일본에서 전자제품을 구입하는 경우 반드시 전압을 확인하는 것을 잊지 않도록 한다.

일본은 벚꽃(櫻·さくら)이 활짝 피는 4월부터 새 학기가 시작된다. 벚꽃은 일본의 국화로 전국민이 사랑하는 꽃이다. 벚꽃이 피기 시작하면 곳곳에서 벚꽃축제가 벌어지고, 花見(はなみ·하나미)라고 해서 많은 사람들이 꽃구경을 다닌다. 3월 중순 규슈 지방을 시작으로 3월 말에 긴키, 간토 지방 등지로 북상해 4월 말 홋카이도 지방까지 이어진다. 매년 2월 말경에 기상청에서 지역별로 벚꽃이 피는 시기를 공식적으로 발표한다.

친절하기로 유명한 일본인들의 이면에는 매우 개인적이고 다소 폐쇄적인 면이 있다. 사람이 많은 장소에서 특이한 행동이나 복

장을 해도 자신에게 피해가 없으면 크게 신경을 쓰지 않는다. 그래서 おたく(어떤 것에 대해 비정상적으로 집착하는 사람), コスプレ(코스튬 플레이의 일본식 약어로 만화나 영화 속 등장인물의 의상을 따라 하는 행위)와 같이 특이한 취미를 가진 사람이 관대하게 받아들여진다. 그러니 신주쿠나 이케부쿠로 같은 번화가에서 세일러문 복장을 한 40대 아저씨를 만나더라도 너무 놀라지 말라.

말하자면, 일본인은 남에게 폐를 끼치는 것을 매우 싫어하는 특성을 가지고 있다. 어떻게 보면 매우 합리적인 성격이지만, 다른 면으로 보면 정이 없는 성격이라고도 할 수 있다. 여러 사람이 함께 식사를 하거나 술을 마실 때도 나온 금액을 인원수로 나눠서 내는 게 일반적이고, 남의 집에서 화장실을 쓸 때도 그냥 사용하는 게 아니라 トイレ使ってもいいですか(화장실 사용해도 됩니까)라고 물어보고 사용하는 게 예의다.

그리고 일본의 식사문화도 우리와는 다소 다른데, 일본에서는 숟가락을 사용하지 않는다. 식당에서도 따로 スプーン(숟가락)을 달라고 하지 않으면 주지 않는다. 밥을 먹을 때도 우리는 밥그릇을 내려놓고 먹는 게 예의인데, 일본에서는 밥그릇을 들고 먹는 게 예의다. 젓가락을 상위에 놓을 때도 우리나라는 세로로 놓는데 반해 일본은 가로로 놓는다.

* 여권 및 비자

여권의 종류는 단수여권과 복수여권이 있는데, 단수는 한 번만 사용할 수 있고, 복수는 유효기간 5년과 10년짜리가 있다. 신청비용은 단수가 20,000원 복수가 47,000원(5년), 55,000원(10년)이다. 신청시에는 등본 1통과 여권용사진(3.5×4.5) 2매가 필요하고, 신청하고 4일이면 받을 수 있다.

90일 이내의 단기체류를 목적으로 일본을 방문하는 경우 2006년부터 비자가 면제되었다. 다만 학업이나 취업 등을 목적으로 하는 경우 별도로 비자를 받아야 한다. 비자의 종류로는 학생비자, 취업비자, 워킹홀리데이비자, 이민비자 등이 있다. 특히 워킹홀리데이비자는 일본에서 취업활동을 하면서 체류할 수 있는 비자로 나이만 18세 이상 30세 미만만 신청자격이 있고, 유효기간은 1년이다.

기본 표현 I

1. 만났을 때 • 헤어질 때의 인사
2. 감사 • 사과의 표현
3. 소개하기
4. 질문하기
5. 부탁 • 허락하기

1. 만났을 때 · 헤어질 때의 인사

☐ 안녕하세요. (아침인사)

おはよう(ございます)。
오하요-(고자이마스)

☐ 안녕하세요. (낮인사)

こんにちは。
곤니찌와

☐ 안녕하세요. (저녁인사)

こんばんは。
곤방와

☐ 안녕히 주무세요.

おやすみなさい。
오야스미나사이

☐ 처음 뵙겠습니다.

はじめまして。
하지메마시테

□ 잘 부탁드립니다.

どうぞよろしく(お願いします)。
도−조요로시쿠(오네가이시마스)

□ 만나서 반가워요.

お会いできてうれしいです。
오아이데끼테 우레시이데스

□ 오랜만이에요.

おひさしぶりです。
오히사시부리데스

□ 그동안 어떻게 지내셨습니까?

その後、どう過しましたか。
소노고 도−스고시마시따까

□ 조심해서 가세요.

気をつけて。
끼오쯔케테

19

□ 그럼 또 봐.

では、また。
데와 마따

□ 안녕히 계세요. (오랜 기간 작별할 때)

さようなら。
시요-나라

□ 다음에 또 만나요.

またお会いしましょう。
마따 오아이시마쇼-

□ 좋은 하루 되세요.

よい一日を。
요이이찌니찌오

□ 날씨가 좋네요.

いいお天気ですね。
이이오텡끼데스네

2. 감사・사과의 표현

☐ 감사합니다.

ありがとうございます。

아리가또–고자이마스

☐ 정말로 고마워.

本当(ほんとう)にありがとう。

혼또–니 아리가또–

☐ 도와주셔서 고맙습니다.

助(たす)けていただきまして、ありがとうございます。

따스케테이따다끼마시테 아리가또–고자이마스

☐ 그렇게 말해줘서 고마워.

そう言(い)ってくれてありがとう。

소–잇떼쿠레테 아리가또–

☐ 여러 가지로 신세 많이 졌습니다.

いろいろお世話(せわ)になりました。

이로이로 오세와니나리마시따

□ 덕분입니다.

おかげさまです。
오까게사마데스

□ 잘 먹겠습니다.

いただきます。
이따다끼마스

□ 잘 먹었습니다.

ごちそうさまでした。
고치소—사마데시따

□ 천만에요.

どういたしまして。
도—이따시마시테

□ 별 것 아닌데요 뭐.

どうってことないですよ。
도옷떼코토 나이데스요

- 미안합니다.

    ごめんなさい。 / すみません。

    고멩나사이 / 스미마센

- 실례합니다.

    失礼します。

    시쯔레-시마스

- 내가 잘못했어.

    私が悪かった。

    와따시가 와루깟따

- 정말 죄송했습니다.

    どうもすみませんでした。

    도-모 스미마센데시따

- 불편을 끼쳐 드려서 죄송합니다.

    ご不便をおかけして、もうしわけありません。

    고후벵오 오까케시테 모우시와케아리마센.

☐ 제 잘못입니다.

私のあやまちです。
와따시노 아야마찌데스

☐ 괜찮습니다.

だいじょうぶです。
다이죠-부데스

☐ 신경 쓰지 마세요.

気にしないでください。
끼니시나이데쿠다사이

☐ 걱정하지 마세요.

心配しないでください。
심빠이시나이데쿠다사이

☐ 저야말로 죄송합니다.

私のほうこそごめんなさい。
와따시노호-코소 고멩나사이

3. 소개하기

□ 제 친구를 소개해 드리죠.

私の友だちをご紹介します。

와따시노 토모다찌오 고쇼-까이시마스

□ 이쪽은 ○○○입니다.

こちらは○○○です。

고찌라와 ○○○데스

□ ○○○이라고 불러주세요.

○○○と呼んでください。

○○○토 욘데쿠다사이

□ 저야말로 잘 부탁드립니다.

こちらこそ、どうぞよろしく。

고찌라코소 도-조요로시쿠

□ 말씀은 많이 들었습니다.

噂はよく伺っておりました。

우와사와 요쿠 우까갓테오리마시따

☐ 이름만은 알고 있었습니다.

名前だけは知っておりました。

나마에다케와 싯테오리마시따

☐ 전부터 만나고 싶었습니다.

以前からお会いしたいでした。

이젠까라 오아이시따이데시따

☐ 이제부터 두 분이 말씀 나누세요.

じゃ、これからはお二人で。

쟈 코레까라와 오후따리데

☐ 뵙게 되어 영광입니다.

お目にかかれて光栄です。

오메니까까레테 코-에-데스

☐ 명함 받을 수 있을까요?

名刺をいただけますか。

메-시오 이따다케마스까

4. 질문하기

☐ 죄송하지만, 물어보고 싶은 게 있는데요.

すみませんが、聞きたいことがありますけど。

스미마셍가 끼키따이코또가 아리마스케도

☐ 이건 무엇입니까?

これは何ですか。

코레와난데스까

☐ 이 한자 어떻게 읽습니까?

この漢字なんと読みますか。

코노칸지 난토 요미마스까

☐ 화장실은 어디 있습니까?

トイレはどこにありますか。

토이레와 도코니아리마스까

☐ 이것은 일본어로 뭐라고 합니까?

これは日本語で何と言いますか。

코레와 니혼고데 난토이이마스까

- [ ] 도쿄도청은 어떻게 가면 됩니까?

    東京都庁はどう行けばいいですか。

    토-쿄-토쵸-와 도-이케바 이이데스까

- [ ] 여기서 가장 가까운 지하철 역은 어디입니까?

    ここから最寄りの地下鉄駅はどこですか。

    코코까라 모요리노 찌카테쯔에끼와 도코데스까

- [ ] 이 근처에 편의점이 있습니까?

    この辺にコンビニがありますか。

    코노헨니 콤비니가 아리마스까

- [ ] 표는 어디서 살 수 있습니까?

    チケットはどこで買えますか。

    치켓또와 도코데 까에마스까

- [ ] 이 전차 시부야 행입니까?

    この電車、渋谷行きですか。

    코노뎅샤 시부야유끼데스까

5. 부탁 · 허락하기

☐ 부탁이 있는데요.
お願^{ねが}いがあるんですが。
오네가이가 아룬데스가

☐ 부탁 하나 드려도 될까요?
ひとつお願^{ねが}いしてもいいですか。
히토쯔 오네가이시테모 이이데스까

☐ 부탁 하나만 들어 주세요.
ひとつだけ頼^{たの}みをきいてください。
히토쯔다케 타노미오 끼이테쿠다사이

☐ 좀 도와주시겠습니까?
ちょっと手伝^{てつだ}ってくれませんか。
좃또 테쯔닷테쿠레마셍까

☐ 좀 도와주세요.
ちょっと助^{たす}けてください。
좃또 테쯔다떼쿠다사이

□ 좀 도와주시겠어요?

ちょっと手伝っていただけますか。

춋또 테쯔닷테 이따다케마스까

□ 확인 좀 해주세요.

確認してください。

카쿠닝시테쿠다사이

□ 다른 것 좀 보여주시겠습니까?

他のものを見せてくれませんか。

호까노모노오 미세테쿠레마센까

□ 입어봐도 될까요?

着てみてもよろしいですか。

끼테미테모 요로시이데스까

□ 펜 좀 빌려주시겠습니까?

ペンを貸していただけませんか。

펜오 까시테이따다케마센까

☐ 들어가도 되나요?

入ってもいいですか。
하잇떼모 이이데스까

☐ 이거 사용법 알려주세요.

これ、使い方教えてください。
코레 쯔까이카타 오시에테쿠다사이

☐ 좋아요.

いいですよ。
이이데스요

☐ 알겠습니다.

わかりました。
와가리마시따

☐ 잘 알겠습니다.

かしこまりました。
까시코마리마시따

□ 물론이죠.

もちろんです。
모치롱데스

□ 좋아요. 뭡니까?

いいです。何_{なん}ですか。
이이데스 난데스까

□ 죄송하지만, 그건 좀…

申_{もう}し訳_{わけ}ございませんが、それはちょっと。
모-시와케고자이마셍가 소레와 춋또

□ 미안하지만, 다른 사람에게 부탁해보세요.

すみませんが、他_{ほか}の人_{ひと}に頼_{たの}んでみてください。
스미마셍가 호까노히또니 타논데미테쿠다사이

□ 지금은 좀 바빠서… 미안해요.

今_{いま}はちょっと忙_{いそが}しくて。すみません。
이마와춋또 이소가시쿠테 스미마셍

출입국 II

1. 항공권 예약
2. 항공권 취소 및 변경
3. 발권 및 수화물 탁송
4. 탑승 및 좌석 찾기
5. 기내 서비스
6. 기내 쇼핑
7. 환승
8. 입국 신고서 작성
9. 입국 심사
10. 수하물 찾기
11. 세관 검사
12. 환전
13. 공항 여행 안내소
14. 공항에서 도심으로

1. 항공권 예약

☐ 일본항공입니다. 무엇을 도와드릴까요?

ジャパンエアラインです。どういったご用件ですか。

쟈판에아라인데스 도우잇따 고요―켄데스까

☐ 도쿄행 비행기를 예약하려고요.

東京行きの飛行機を予約したいんですが。

도―쿄―유끼노 히꼬―끼오 요야쿠시따잉데스가

☐ 언제 떠나실 예정입니까?

いつご出発の予定ですか。

이쯔 고슙빠쯔노 요테―데스까

☐ 7월 14일에 출발할 예정이에요.

7月14日に出発するつもりです。

시찌가쯔쥬― 욧까니 슙빠쯔스루쯔모리데스

☐ 그 날 좌석은 현재 대기자로 됩니다.

その日の席はただいまキャンセル待ちとなります。

소노히노세끼와 따다이마 칸세루마찌토나리마스

□ 비행권은 얼마입니까?

航空券はいくらですか。
코-쿠-켄와 이쿠라데스까

□ 편도입니까, 왕복입니까?

片道ですか、往復ですか。
까타미찌데스까 오-후쿠데스까

□ 왕복표로 주세요.

往復チケットをください。
오-후쿠치켓또오 쿠다사이

□ 편도로 주세요.

片道にしてください。
까타미찌니 시테쿠다사이

□ 언제 돌아오실 건가요?

いつお戻りですか。
이쯔 오모도리데스까

□ 어떤 좌석으로 드릴까요.

お席の種類は、いかがなさいますか。

오세끼노 슈루이와 이까가나사이마스까

□ 어떤 종류가 있나요?

どんな種類がありますか。

돈나 슈루이가 아리마스까

□ 이코노미, 비즈니스, 퍼스트 클래스입니다.

エコノミー、ビジネス、ファーストクラスでございます。

에코노미- 비지네스 화-스토쿠라스데고자이마스

□ 이코노미 클래스로 주세요.

エコノミークラスにしてください。

에코노미-쿠라수니 시테쿠다사이

□ 예약금은 얼마입니까?

予約金はいくらですか。

요야쿠킨와 이쿠라데스까

☐ 창쪽 좌석으로 주세요.

窓側の座席でおねがいします。

마도가와노 자세끼데 오네가이시마스

☐ 비행기 뒤쪽에 앉고 싶어요.

飛行機の後側に座りたいんですが。

히꼬−끼노 우시로가와니 스와리따잉데스

☐ 당일 2시간 전까지 공항으로 와주세요.

当日は2時間前までに、空港にお越しください。

토−지쯔와 니지깡마에마데니 쿠−코−니 오코시쿠다사이

☐ 귀국 항공편을 재확인하고 싶은데요.

帰国の航空便のリコンファームしたいんですが。

끼코쿠노 코−쿠−빙노 리콤화−무시따잉노데스가

☐ 대한항공 7월 16일 서울행입니까?

大韓航空、7月16日出発のソウル行きですか。

다이캉코−쿠− 시찌가쯔쥬−로쿠니찌 슙빠쯔노 소−루유끼데스까

2. 항공권 취소 및 변경

☐ 예약을 확인하고 싶은데요.

予約を確認したいんですが。

요야쿠오 까쿠닝시따잉데스가

☐ 성함과 비행편을 말씀해 주세요.

お名前と便名をお願いします。

오나마에토 빙메-오 오네가이시마스

☐ 이름은 이진호고, 편명은 KE503입니다.

名前は、イジンホで、フライトはKE503です。

나마에와 이진호데 후라이또와 케-이-고레-산데스

☐ 성함이 명단에 없는데요.

お名前がリストにありませんが。

오나마에가 리스토니 아리마셍가

☐ 그럼 어떻게 해야 하죠?

それでは、どうすればいいですか。

소레데와 도-스레바 이이데스까

☐ 예약을 취소해 주세요.

予約をキャンセルしてください。

요야쿠오 캰세루시테쿠다사이

☐ 7월 3일 동경행 비행편을 취소하고 싶습니다.

7月3日の東京行きの飛行機をキャンセルしたいんです。

시치가쯔 밋까노 도-쿄-유끼노 히꼬-끼오 캰세루시따잉데스

☐ 실례합니다. 예약되어 있던 편을 취소하고 싶은데요.

すみません。予約してあった便をキャンセルしたいんですが。

스미마센 요야쿠시테앗따빙오 캰세루시따잉데스가

☐ 예약을 변경하고 싶어요.

予約を変更したいのですが。

요야쿠오 헨코-시따이노데스가

☐ 출발일을 7월 20일로 바꿔 주세요.

出発日を7月20日に変更してください。

슙빠쯔비오 시찌가쯔하쯔까니 헨코-시테쿠다사이

☐ 출발 예정일을 하루 늦춰주시겠습니까?

出発予定日を一日遅らせていただけますか。

슛빠쯔요테-비오 이찌니찌 오쿠라세테이따다케마스까

☐ 예약이 확인되었습니다.

予約が確認できました。

요야쿠가 까쿠닝데끼마시따

☐ 출발시간을 조금 늦출 수 있나요.

出発時間を少し遅らせてもらえますか。

슛빠쯔지깡오 스코시 오쿠라세테 모라에마스까

☐ 알겠습니다. 바로 처리해드리겠습니다.

かしこまりました。すぐ処理しております。

와까리마시따 스구 쇼리시테오리마스

☐ 다른 용건은 없으십니까?

ほかにご用はございませんか。

호까니 고요-와 고자이마셍까

3. 발권 및 수화물 탁송

☐ 비행기표 좀 보여주세요.

航空券を見せてください。

코-쿠-켕오 미세테쿠다사이

☐ 여기 있습니다.

ここにあります。

코코니 아리마스

☐ 비즈니스 클래스로 업그레이드 해주시겠어요?

ビジネスクラスにアップグレードしてもらえますか。

비지네스쿠라스니 압푸그레-도시테모라에마스까

☐ 퍼스트 클래스에 자리가 있습니까?

ファーストクラスに席がありますか。

화-스토쿠라스니 세끼가 아리마스까

☐ 좌석은 복도 쪽으로 하시겠습니까, 창가 쪽으로 하시겠습니까?

座席は通路側になさいますか、窓側になさいますか。

자세끼와 쯔-로가와니 나사이마스까, 마도가와니 나사이마스까

□ 복도쪽(창가쪽) 좌석으로 주세요.

通路側(窓側)の席をください。

쯔-로가와(마도가와)노 세끼오 쿠다사이

□ 네, 여기 있습니다. 좌석번호는 23D입니다.

はい、こちらになります。座席番号は23Dです。

하이, 고찌라니 나리마스 자세끼반고-와 니쥬-산디-데스

□ 짐이 있으세요?

荷物はありますか。

니모쯔와 아리마스까

□ 짐은 모두 세 개입니다.

荷物は全部で３つです。

니모쯔와 젠부데 밋쯔데스

□ 수하물 초과요금은 얼마입니까?

手荷物の超過料金はいくらですか。

테니모쯔노 쵸-까료-킹와 이쿠라데스까

☐ 맡길 짐은 몇 kg까지 괜찮습니까?

預ける荷物は何キロまで大丈夫ですか。

아즈까루니모쯔와 난키로마데 다이죠-부데스까

☐ 짐이 좀 무거운데 초과요금 물게 될까요?

荷物が少し重いですが、オーバーチャージ取られますか。

니모쯔가 스코시 오모이데스가 오-바-챠-지 토라레마스까

☐ 맡기실 짐 속에 깨질 물건은 없습니까?

お預けになる荷物の中に、割れものはございませんか。

오아즈케니나루 니모쯔노나까니 와레모노와 고자이마센까

☐ 이 가방이면 기내에 가지고 들어갈 수 있지요?

このバッグなら、機内持ち込みできるでしょう。

코노박구나라 끼나이모찌코미 데끼루데쇼-

☐ 기내에 들고 들어갈 수 있는 짐은 한 사람 당 한 개씩입니다.

機内持ち込みのお荷物は、お一人様ひとつまでです。

끼나이모찌코미노 니모쯔와 오히토리사마히토쯔마데데스

□ 탑승 30분 전까지 20번 게이트로 와주세요.

搭乗30分前までに、20番ゲートにお越しください。

토-죠-산즙뿐마에마데니 니쥬-반게-토니 오코시쿠다사이

□ 환전은 어디서 하나요?

両替はどこでしますか。

료-가에와 도코데 시마스까

□ 면세점은 어디 있나요?

免税店はどこにありますか。

멘제-텡와 도코니 아리마스까

□ 출국수속 카운터는 어디인가요?

出国手続きカウンタはどこですか。

슉코쿠 테쯔즈키 카운타-와 도코데스까

□ 서울행 탑승구가 여기입니까?

ソウル行きの搭乗口はここですか。

서울유끼노 토-죠-구찌와 코코데스까

4. 탑승 및 좌석 찾기

☐ 탑승권과 여권을 보여주시겠어요?

搭乗券とパスポートを見せていただけますか。

토-죠-켄토 파스포-토오 미세테이따다케마스까

☐ 가방을 열어 주시겠습니까?

かばんを開けていただけますか。

가방오 아케테 이따다케마스까

☐ 가방에 들어 있는 칼은 기내에 가지고 들어갈 수 없습니다.

かばんに入っている、ナイフは機内持ち込み禁止です。

가방니 하잇테이루 나이후와 끼나이모찌코미킨시데스

☐ 손님 좌석은 16E이군요. 저쪽 통로 좌석입니다.

お客様のお席は16Eですね。あちらの通路側です。

오갸쿠사마노 오세끼와 쥬-로쿠이-데스네 아찌라노 쯔-로가와데스

☐ 탑승시간은 언제인가요?

搭乗時刻はいつですか。

토-죠-지코쿠와 이쯔데스까

☐ 보딩패스 좀 보여주시겠어요?

搭乗パスを見せていただけますか。

토-죠-파스오 미세테이따다케마스까

☐ 제 자리는 어디죠?

私の席はどこですか。

와따시노 세끼와 도코데스까

☐ 제 자리를 찾고 있는데요.

私の席をさがしているのですが。

와따시노 세끼오 사가시테이루노데스가

☐ 제 좌석번호는 28B입니다.

私の座席番号は28Bです。

와따시노 자세끼반고-와 니쥬-하찌비-데스

☐ 이쪽으로 오세요.

こちらに来てください。

고찌라니 키테쿠다사이

☐ 이코노미석은 저쪽입니다.

エコノミー席はあちらです。

에코노미세끼와 아찌라데스

☐ 여기 앉아도 될까요?

ここに座ってもいいですか。

코코니 스왓테모 이이데스까

☐ 실례지만 여기는 제 자리입니다만.

失礼ですが、ここは私の席ですが。

시쯔레-데스가 코코와 와따시노 세끼데스가

☐ 미안합니다. 저랑 자리를 바꾸시면 안 될까요?

すみません。私と席を代わってもらえますか。

스미마셍 와따시토 세끼오 까왓테모라에마스까

☐ 지나가도 될까요?

通ってもいいですか。

토옷테모 이이데스까

□ 좌석을 똑바로 세워 주실래요?

席をまっすぐにしてもらえますか。

세끼오 맛스구니 시테모라에마스까

□ 의자를 뒤로 젖혀도 될까요?

イスを後ろに倒してもいいですか。

이스오 우시로니 타오시테모 이이데스까

□ 탑승은 출발 30분 전에 시작됩니다.

搭乗は出發30分前に始まります。

토―죠―와 슙빠쯔 산쥬뿐마에니 하지마리마스

□ 약 20분 후에 출발하겠습니다.

約20分後に出発いたします。

야쿠 니쥽뿐고니 슙빠쯔이따시마스

□ 탑승 게이트는 어디인가요?

搭乗ゲートはどこですか。

토―죠―게이토와 도코데스까

□ 3번 게이트는 어디입니까?

3番ゲートはどこですか。
산반게이토와 도코데스까

□ 동경행 AZ205편 게이트는 여기입니까?

東京行きAZ205便のゲートはここですか。
도-쿄-유끼 에-젯토니레-고빙노 게-토와 코코데스까

□ 죄송합니다. 여기 제 자리인 것 같은데요.

すみません。ここ私の席だと思うんですけど。
스미마센 코코 와따시노세끼다토 오모웅데스케도

□ 죄송합니다만, 자리를 바꿔주시겠습니까?

すみませんが、席をかわっていただけませんか。
스미마센 세끼오 까왓테 이따다케마센까

□ 안전벨트를 단단히 매주세요.

シートベルトをしっかりおしめください。
시-토베루또오 싯까리 오시메쿠다사이

5. 기내 서비스

□ 비프와 생선 중에 어느 쪽으로 하시겠습니까?

ビーフと魚と、どちらになさいますか。

비-후토 사까나토 도찌라니 나사이마스까

□ 비프로 주세요.

ビーフ、お願いします。

비-후 오네가이시마스

□ 생선 요리로 주세요.

魚料理をください。

사까나료-리오 쿠다사이

□ 마실 것 좀 드릴까요?

お飲み物をさしあげましょうか。

오노미모노오 사시아게마쇼-까

□ 어떤 음료가 있나요?

飲み物は何がありますか。

노미모노와 나니가 아리마스까

- [ ] 물도 한 잔 주세요.

    お水を一杯ください。

    오미즈오 입빠이 쿠다사이

- [ ] 커피는 어떻게 드시겠어요?

    コーヒーはどのように召し上がりますか。

    코-히-와 도노요-니 메시아가리마스까

- [ ] 블랙으로 주세요.

    ブラックにしてください。

    브락꾸니 시테쿠다사이

- [ ] 한 잔 더 주세요.

    もう一杯ください。

    모우 입빠이 쿠다사이

- [ ] 저녁식사는 뭔가요?

    夕食は何ですか。

    유-쇼쿠와 난데스까

□ 저녁식사는 언제 나오나요?

夕食はいつ出ますか。

유-쇼쿠와 이쯔데마스까

□ 식사는 필요 없어요.

食事はいりません。

쇼쿠지와 이리마센

□ 식사 다 하셨나요?

食事はお済みですか。

쇼쿠지와 오스미데스까

□ 네, 잘 먹었습니다.

はい、ごちそうさまでした。

하이 고치소-사마데시따

□ 저기요.

あの、すみません。

아노 스미마센

- [ ] 몸이 아파요.

    具合が悪いです。

    구아이가 와루이데스

- [ ] 멀미약 좀 주세요.

    酔いどめの薬をください。

    요이도메노 쿠스리오 쿠다사이

- [ ] 위생봉투 좀 있나요?

    エチケット袋ありますか。

    에치켓또부쿠로 아리마스까

- [ ] 좀 춥군요.

    ちょっと寒いですね。

    촛또 사무이데스네

- [ ] 베개와 담요 좀 부탁해요.

    まくらと毛布をお願いします。

    마쿠라토 모-후오 오네가이시마스

□ 의자를 젖히려면 어떻게 하나요?

イスを倒すにはどうすればいいですか。

이스오 타오스니와 도-스레바이이데스까

□ 이가 아파요.

歯が痛いです。

하가 이따이데스

□ 아스피린 좀 있나요?

アスピリンありますか。

아스피린 아리마스까

□ 읽을 것 좀 주세요.

読みものをください。

요미모노오 쿠다사이

□ 영화는 어느 채널에서 하나요?

映画はどのチャンネルですか。

에-가와 도노 챤네루데스까

□ 잡지 좀 주실래요?

雑誌をいただけますか。

잣시오 이따다케마스까

□ 영자 신문 있나요?

英字新聞はありますか。

에-지신붕와 아리마스까

□ 펜 있습니까?

ペンはありますか。

펜와 아리마스까

□ 오사카에 언제쯤 도착할까요?

大阪には、いつごろ到着しますか。

오-사까니와 이쯔고로 토-차쿠시마스까

□ 얼마나 연착되나요?

どれくらい延着しますか。

도레구라이 엔챠쿠시마스까

6. 기내 쇼핑

□ 면세품 살 수 있어요?

免税品買えますか。

멘제-힝 까에마스까

□ 면세품 판매는 언제부터입니까?

免税品の販売はいつからですか。

멘제-힝노 함바이와 이쯔까라데스까

□ 식사 후에 바로 시작됩니다.

食事のあとすぐ始まります。

쇼쿠지노아토 스구 하지마리마스

□ 지금부터 면세품 판매를 시작하겠습니다.

ただいまより免税品の販売を始めます。

따다이마요리 멘제-힝노 함바이오 하지메마스

□ 엔, 달러, 원, 카드를 사용하실 수 있습니다.

円・ドル・ウォン・カードがお使いになれます。

엔・도루・원・카-도가 오쯔까이니나레마스

□ 제일 인기 있는 제품은 뭔가요?

もっとも人気の商品は何ですか。

못또모 닌끼노 쇼-힝와 난데스까

□ 이 향수 두 개 주세요.

この香水二つお願いします。

코노코-스이 후타쯔 오네가이시마스

□ 더 싼 것은 없나요?

もっと安いものはありませんか。

못또 야스이모노와 아리마셍까

□ 색깔은 이것밖에 없나요?

色はこれだけですか。

이로와 코레다케데스까

□ 이 스카프 다른 색도 있나요?

このスカーフ、他の色もありますか。

코노 스까-후 호까노 이로모 아리마스까

□ 이것으로 할게요.

これにします。
코레니 시마스

□ 한국 원화도 받나요?

韓国ウォンでもいいですか。
칸코쿠 원데모 이이데스까

□ 250달러면 원으로 얼마입니까?

250ドルとウォンでいくらになりますか。
니햐쿠고쥬-도루토 원데 이쿠라니나리마스까

□ 카드도 사용할 수 있나요?

カードも使えますか。
카-도모 쯔까에마스까

□ 여행자수표로 계산해도 되나요?

トラベラーズチェックで払ってもいいですか。
토라베라-즈 첵꾸데 하랏테모 이이데스까

7. 환승

☐ 25번 게이트는 어디예요?

２５番ゲートはどこですか。

니쥬-고반 게-토와 도코데스까

☐ 32번 게이트까지는 어떻게 가면 되죠?

３２番ゲートまではどう行けばいいんですか。

산쥬-니반 게-또마데와 도-이케바 이잉데스까

☐ 빨리 가지 않으면 제시간에 못 가요.

早く行かなければ間に合わないんです。

하야쿠 이까나케레바 마니아와나잉데스

☐ 짐은 도착지에서 받아주세요.

お荷物は到着地にて、お受け取りください。

오니모쯔와 토-챠쿠치니테 오우케토리쿠다사이

☐ 환승 카운터는 어디인가요?

乗り継ぎカウンターはどこですか。

노리쯔기 카운타-와 도코데스까

□ 비행기는 어디에서 갈아타죠?

飛行機はどこで乗り換えますか。

히꼬-끼와 도코데 노리까에마스까

□ 탑승 수속은 어디에서 하나요?

搭乗手続きは、どこでしますか。

토-죠- 테쯔즈키와 도코데 시마스까

□ 제가 탈 항공편은 어디에서 확인할 수 있나요?

私が乗る便は、どこで確認できますか。

와따시가 노루 빙와 도코데 카쿠닝데끼마스까

□ 이 공항에서 얼마나 머뭅니까?

この空港に、どれくらいとまりますか。

고노 쿠-코-니 도레구라이 토마리마스까

□ 2시간 정도입니다.

2時間くらいです。

니지깡구라이데스

☐ 통과객 대기실은 어디인가요?
通過客の待合室はどこですか。
쯔―까갸꾸노 마찌아이시쯔와 도코데스까

☐ 통과여객이신가요?
通過のお客様ですか。
쯔―까노 오갸쿠사마데스까

☐ 저는 나리타에서 환승해요.
私はボ成田で乗り継ぎます。
와따시와 보스톤데 노리쯔기마스

☐ 출발 시간은 언제인가요?
出発時刻はいつですか。
슙빠쯔지코쿠와 이쯔데스까

☐ 연결편으로 갈아타야 합니다.
連結便に乗り継がなくてはなりません。
렌케쯔빙니 노리쯔가나쿠테와 나리마셍

□ 비행기를 놓쳤어요.

飛行機に乗り遅れました。
히꼬-끼니 노리오쿠레마시따

□ 통과카드를 잃어버렸어요.

通過カードをなくしました。
쯔-까카도오 나쿠시마시따

□ 다음 비행편 수속을 밟아주세요.

次の便の手続きをしてください。
쯔기노 빙노 테쯔즈키오 시테쿠다사이

□ 비행기가 연착했습니다.

飛行機が遅れました。
히꼬-끼가 오쿠레마시따

□ 갈아탈 비행기가 제시간에 갈 수 없을 것 같습니다.

乗り換えの飛行機の時間に間に合わなさそうです。
노리까에노 히꼬-끼노지깡니 마니아와나사소-데스

8. 입국 신고서 작성

□ 작성하는 법 좀 알려주세요.

作成のしかたを教えてください。

사쿠세-노 시가따오 오시에테쿠다사이

□ 펜 좀 빌려주세요.

ペンを貸してください。

펜오 까시테쿠다사이

□ 여기에 무엇을 써야 되나요?

ここには何を書くのですか

코코니와 나니오 까쿠노데스까

□ 잘못 썼네요.

書き間違えました。

까키마찌가에마시따

□ 입국카드 한 장 더 주시겠어요?

入国カードをもう一枚いただけますか。

뉴-코쿠카-도오 모- 이찌마이 이따다케마스까

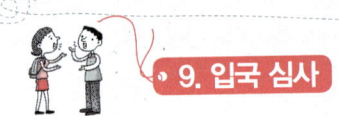

9. 입국 심사

□ 지금, 동경 나리타공항에 도착했습니다.

ただいま、東京成田空港に到着いたしました。

따디이마 도-쿄-나리따쿠 코-니 토-챠쿠이따시마시따

□ 예정보다 조금 늦게 도착했습니다.

予定より少し遅れて到着いしました。

요테-요리 스코시 오쿠레테 토-챠쿠시마시따

□ 입국심사대는 어디인가요?

入国審査カウンターはどこですか。

뉴-코쿠신사 카운타-와 도코데스까

□ 여권 좀 보여주시겠어요?

パスポートを見せていただけますか。

파스포-토오 미세테 이따다케마스까

□ 검역증명서 좀 보여주세요.

検疫証明書を見せてください。

켄에끼쇼-메-쇼오 미세테쿠다사이

□ 방문 목적은 뭔가요?

訪問の目的は何ですか。
호-몬노 모쿠테끼와 난데스까

□ 관광하러 왔어요.

観光で来ました。
칸코우데 끼마시따

□ 사업차 왔습니다.

仕事で来ました。
시고토데 끼마시따

□ 이번은 출장입니다.

今回は出張です。
콘까이와 슛쵸-데스

□ 직업은 무엇입니까?

職業は何ですか。
쇼쿠교-와 난데스까

□ 어떤 일을 하시나요?

どんなお仕事をなさっていますか。
돈나 오시고토오 나삿떼이마스까

□ 회사원입니다.

会社員です。
까이샤잉데스

□ 은행에 근무하고 있습니다.

銀行に勤めています。
긴꼬―니 쯔토메테이마스

□ 어디에서 오셨나요?

どこからいらっしゃいましたか。
도코까라 이랏샤이마시따까

□ 일본은 첫 방문이신가요?

日本は初めてですか。
니혼와 하지메테데스까

☐ 예, 처음입니다.

はい、初めてです。

하이 하지메테데스

☐ 아뇨, 여섯 번째입니다.

いいえ、6番目です。

이이에 로쿠반메데스

☐ 일본에 얼마 동안 머무실 건가요?

日本にどれくらいいますか。

니혼니 도레쿠라이이마스까

☐ 10일입니다.

１０日です。

토-까데스

☐ 어디에서 숙박할 예정입니까?

どちらに宿泊される予定ですか。

도찌라니 슈쿠하쿠사레루 요테-데스까

□ 선샤인호텔에 묵습니다.

サンシャインホテルで泊まります。

산샤인호테루데 토마리마스

□ 돌아갈 항공권은 갖고 계신가요?

帰りの航空券はお持ちですか。

까에리노 코-쿠-켕와 오모찌데스까

□ 돈은 얼마나 갖고 계신가요?

お金はいくらお持ちですか。

오까네와 이쿠라 오모찌데스까

□ 5만 엔, 갖고 있습니다.

5万円、持っています。

고만엔 못테이마스

10. 수하물 찾기

□ 수하물을 어디에서 찾나요?

手荷物をどこで受取りますか。

테니모쯔오 도코데 우케토리마스까

□ 수하물 찾는 곳은 어디인가요?

手荷物の受取り場所はどこですか。

테니모쯔노 우케토리바쇼와 도코네스까

□ 어느 항공편으로 오셨나요?

どの便でいらっしゃいましたか。

도노 빙데 이랏샤이마시따까

□ 편명이 무엇입니까?

便名は何ですか。

빙메이와 난데스까

□ 저쪽입니다.

あちらです。

아찌라데스

☐ 수하물은 10번 크레인에서 받아주세요.

荷物は10番クレーンでお受け取りください。

니모쯔와 쥬-반쿠렌-데 오우케토리쿠다사이

☐ 짐이 나오는 데 시간이 꽤 걸리는군요.

荷物が出てくるのに時間がかかりますね。

니모쯔가 데테쿠루노니 지깡가 까까리마스네

☐ 제 가방은 벌써 나왔습니다.

私の鞄はもう出てきました。

와따시노 가방와 모- 데테끼마시따

☐ 제 짐을 찾을 수 없는데요.

私の荷物が見つからないんですけど。

와따시노 니모쯔가 미쯔까라나잉데스케도

☐ 제 짐을 못 찾겠어요.

私の荷物が探せません。

와따시노 니모쯔가 사가세마셍

- [ ] 짐을 나르는 카트를 가지고 오세요.

  荷物を運ぶカートを持ってきて。

  니모쯔오 하코부 카―토오 못테끼테

- [ ] 짐 찾는 것 좀 도와주실래요?

  荷物を探すのを手伝ってくださいませんか。

  니모쯔오 사가스노오 테쯔닷테쿠다사이마센까

- [ ] 좋습니다. 수하물 인환증을 보여주실래요?

  いいです。手荷物引換証を見せてください。

  이이데스 테니모쯔 히끼까에쇼―오 미세테쿠다사이

- [ ] 이것이 제 인환증입니다.

  これが私の引換証です。

  코레가 와따시노 히끼까에쇼―데스

- [ ] 수하물을 잃어 버렸어요.

  手荷物をなくしました。

  테니모쯔오 나쿠시마시따

11. 세관 검사

☐ 신고할 게 없습니다.

申告するものはありません。

신코쿠스루모노와 아리마센

☐ 여기 신고서입니다.

ここ、申告書です。

코코 신코쿠쇼데스

☐ 가방 안에는 뭐가 있나요?

カバンの中には何がありますか。

가방노 나까니와 나니가 아리마스까

☐ 개인 소지품입니다.

個人の所持品です。

코진노 쇼지힝데스

☐ 개인 소지품밖에 없어요.

個人の所持品しかありません。

코진노 쇼지힝시까 아리마센

□ 면세품 총액은 얼마입니까?

免税品の総額はいくらですか。

멘제-힝노 소-가쿠와 이쿠라데스까

□ 구입하신 물건 총액은 얼마입니까?

購入された品物の総額はいくらですか。

코-뉴-사레따시나모노노 소-가꾸와 이쿠라데스까

□ 영수증을 보여주시겠습니까?

領収書を見せてもらえますか。

료-슈-쇼오 미세테모라에마스까

□ 이것에 대해 세금을 내야 합니다.

これについては税金を払わなくてはなりません。

코레니 쯔이테와 제-낀오 하라와나쿠테와 나리마센

□ 얼마나 내야 하나요?

いくら払わなくてはなりませんか。

이쿠라 하라와나쿠테와나리마센까

12. 환전

☐ 환전은 어디서 할 수 있나요?

両替はどこでできますか。

료-가에와 도코데 데끼마스까

☐ 환전소는 어디 있나요?

両替所はどこにありますか。

료-가에죠와 도코니 아리마스까

☐ 오늘의 환율 시세는 어떻습니까?

今日の為替レートはどうですか。

쿄-노 까와세레-토와 도-데스까

☐ 원화를 엔으로 바꿔주세요.

ウォンを円に換えてください。

웡오 엔니 까에테쿠다사이

☐ 돈은 어떻게 드릴까요?

お金はどのようにさしあげましょうか。

오까네와 도노요-니 사시아게마쇼-까

□ 신분증 좀 보여주세요.

身分証を見せてください。

미분쇼-오 미세테쿠다사이

□ 은행은 언제까지 여나요?

銀行はいつまで開いていますか。

긴꼬-와 이쯔마데 아이테이마스까

□ 여행자수표를 현금으로 바꿔주세요.

トラベラーズチェックを現金に換えてください。

토라베라-즈첵꾸오 겐낑니 까에테쿠다사이

□ 수표에 서명해 주세요.

小切手にサインしてください。

코깃떼니 사인시테쿠다사이

□ 수수료가 필요한데요.

手数料が必要ですが。

테스-료-가 히쯔요-데스가

13. 공항 여행 안내소

☐ 관광객 안내소는 어디에 있나요?

観光客の案内所はどこにありますか。

칸코-갸쿠노 안나이죠와 도코니 아리마스까

☐ 공중전화는 어디에 있나요?

公衆電話はどこにありますか。

코-슈-뎅와와 도코니 아리마스까

☐ 시내 지도 있나요?

市内地図はありますか。

시나이치즈와 아리마스까

☐ 호텔 안내 책자 있나요?

ホテルのパンフレットはありますか。

호테루노 팜후렛또와 아리마스까

☐ 저렴한 호텔 좀 추천해 주시겠어요?

安いホテルを推薦していただけますか。

야스이 호테루오 스이센시테이따다케마스까

□ 하룻밤에 얼마인가요?

一晩いくらですか。

히토방 이쿠라데스까

□ 시내 호텔을 예약해 주시겠어요?

市内のホテルを予約していただけますか。

시나이노 호테루오 요약시테이따다케마스까

□ 요즘 유스호스텔 개장했나요?

最近、ユースホステルは開いていますか。

사이킨 유-스호스테루와 아이테이마스까

□ 호텔까지 어떻게 가나요?

ホテルまでどのように行きますか。

호테루마데 도노요-니 이끼마스까

□ 버스 정류장은 어디인가요?

バス停はどこですか。

바스테-와 도코데스까

☐ 시내로 가는 공항버스 있나요?

市内に行く空港バス、ありますか。

시나이니 이쿠 쿠―코―바스 아리마스까

☐ 택시로 시내까지 얼마나 나오나요?

タクシーで市内まではいくらですか。

타쿠시데 시나이마데와 이쿠라데스까

☐ 버스 요금은 얼마인가요?

バス料金はいくらですか。

바스료―킨와 이쿠라데스까

☐ 리무진은 어디에 있나요?

リムジンはどこにありますか。

리무진와 도코니 아리마스까

☐ 택시 승강장은 어디인가요?

タクシー乗り場はどこですか。

타쿠시― 노리바와 도코데스까

14. 공항에서 도심으로

□ 공항에서 신주쿠까지 어떻게 가면 됩니까?

空港から新宿までどう行けばいいですか。

쿠-코-까라 신쥬꾸마데 도- 이케바 이이데스까

□ 도쿄시내까지 어떻게 갑니까?

東京市内までどうやって行けますか。

도-쿄시나이마데 도- 얏테 이케마스까

□ 도쿄 행 리무진 버스는 어디에서 타나요?

東京行きのリムジンバスはどこで乗りますか。

도-쿄-유끼노 리무진바스와 도코데노리마스까

□ 스카이라이너는 어디서 탈 수 있나요?

スカイライナーはどこで乗れますか。

스카이라이나-와 도코데 노레마스까

□ 나리타익스프레스 타는 곳은 어디입니까?

成田エクスプレスの乗り場はどこですか。

나리타엑쿠스푸레스노 노리바와 도코데스까

□ 지하 1층입니다.

地下一階です。

찌까잇까이데스

□ 저쪽 계단을 올라가서 오른쪽입니다.

あそこの階段を上って右側です。

아소코노까이당오 노봇테 미기가와데스

□ 스카이라이나 매표소는 어디입니까?

スカイライナーの切符売り場はどこですか。

스카이라이나-노 깁뿌우리바와 도코데스까

□ 시내까지 얼마나 걸립니까?

市内までどのぐらいかかりますか。

시나이마데 도노구라이 까까리마스까

□ 시내까지 가려면 무엇이 가장 빠릅니까?

市内まで行くなら何が一番早いですか。

시나이마데 이쿠나라 나니가 이찌방 하야이데스까

숙박

1. 호텔 예약
2. 체크인
3. 룸서비스
4. 기타 서비스
5. 편의 시설
6. 체크아웃

1. 호텔 예약

☐ 예약을 하고 싶습니다.

予約をしたいんですが。

요야쿠오 시따잉데스가

☐ 호텔 예약을 하고 싶습니다만…

ホテルの予約をしたいんですが。

호테루노 요야쿠오 시따잉데스가

☐ 언제부터 언제까지입니까?

いつからいつまでですか。

이쯔까라 이쯔마데데스까

☐ 7월 14일부터 20일까지입니다.

７月１４日から２０日までです。

시찌가쯔쥬-욕까라 하쯔까마데데스

☐ 싸고 좋은 호텔 좀 추천해 주시겠어요?

安くてよいホテルを推薦していただけますか。

야스쿠테 요이 호테루오 스이센시테 이따다케마스까

□ 더 싼 곳은 없나요?

もっと安いのはありませんか。

못토 야스이노와 아리마센까

□ 거기에 어떻게 가나요?

そこにはどのように行きますか。

소코니와 도노요–니 이끼마스까

□ 호텔 안내 책자 있나요?

ホテルのパンフレットはありますか。

호테루노 팜후렛또와 아리마스까

□ 며칠간 묵으십니까?

何日間お泊りになりますか。

난니찌깡 오토마리니나리마스까

□ 8월 5일부터 5일간 묵을 예정입니다.

8月5日から五日間泊るよていです。

하찌가쯔이쯔까까라 이쯔까깡 토마루요테–데스

□ 어떤 방을 원하시나요?

どのようなお部屋をお望みですか。

도노요-나 오헤야오 오노조미데스까

□ 욕실이 딸린 싱글룸으로 주세요.

バスルームつきのシングルにしてください。

바스루-무쯔끼노 싱구루니 시테쿠다사이

□ 15일에 싱글룸으로 예약하고 싶은데요.

15日にシングルを予約したいのですが。

쥬-고니찌니 싱구루오 요야쿠시따이노데스가

□ 더블룸으로 부탁해요.

ダブルをお願いします。

다부루오 오네가이시마스

□ 싱글(더블, 트윈)룸 두 개로 부탁합니다.

シングル(ダブル、ツイン)ルム二つでお願いします。

싱구루(다부루, 쯔인)루무 후타쯔데 오네가이시마스

□ 인터넷이 있는 방으로 주세요.

インターネットのある部屋にしてください。

인타-넷또노 아루헤야니 시테쿠다사이

□ 3일 더 묵고 싶어요.

もう3日泊まりたいんですが。

모- 믹까 토마리따잉데스가

□ 좀 늦더라도 예약을 취소하지 마세요.

少しおくれても、予約をキャンセルしないでください。

스코시 오쿠레테모 요야쿠오 캰세루시나이데쿠다사이

□ 예약을 변경하고 싶어요.

予約を変更したいんですが。

요야쿠오 헨코-시따잉데스가

□ 예약을 취소하고 싶습니다.

予約をキャンセルしたいのですが。

요야쿠오 캰세루시따이노데스가

□ 하루 숙박비가 얼마인가요?

一泊いくらですか。
いっぱく

입빠쿠 이쿠라데스까

□ 싱글룸은 얼마인가요?

シングルはいくらですか。

싱구루와 이쿠라데스까

□ 욕실이 딸린 더블룸은 얼마인가요?

バスルーム付きのダブルはいくらですか。
つ

바스루-무쯔키노 다부루와 이쿠라데스까

□ 세금이 포함된 건가요?

税込ですか。
ぜいこみ

제-코미데스까

□ 세금 포함해서 12000엔입니다.

税込で1万2千円です。
ぜいこみ　いちまん　に　せん

제-코미데 이찌만니셍엔데스

☐ 더 싼 것은 없나요?

もっと安(やす)いのはありませんか。

못토 야스이노와 아리마센까

☐ 보증금이 필요한가요?

保証金(ほしょうきん)は必要(ひつよう)ですか。

호쇼-킨와 히쯔요-데스까

☐ 비수기에는 할인되나요?

オフシーズンには、割引(わりびき)になりますか。

오후시-즌니와 와리비끼니 나리마스까

☐ 추가요금은 얼마인가요?

超過料金(ちょうかりょうきん)はいくらですか。

쵸-까료-킨와 이쿠라데스까

☐ 5일 동안 머물 겁니다.

5日間(いつかかん)滞在(たいざい)します。

이쯔까깡 타이자이시마스

☐ 하루 동안 머물 겁니다.

１日滞在します。

이찌니찌 타이자이시마스

☐ 트윈룸에 엑스트라침대를 넣어주세요.

ツインの部屋にエキストラベッドを入れてください。

쯔인노 헤야니 에키스토라벳도오 이레테쿠다사이

☐ 성함을 말씀하십시오.

お名前をどうぞ。

오나마에오 도-조

☐ 숙박료는 미리 지불했습니다.

宿泊料は前払いしておりました。

슈쿠하쿠료-와 마에바라이시테오리마시따

☐ 끝 쪽 방으로 부탁드리겠습니다.

角部屋でお願いします。

카도헤야데 오네가이시마스

□ 바다를 접한 방으로 부탁드리겠습니다.

海に面した部屋でお願いします。

우미니 멘시따 헤야데 오네가이시마스

□ 예약을 취소하지 마세요.

予約を取り消さないでください。

요야쿠오 토리케사나이데 쿠다사이

□ 전망 좋은 방으로 부탁합니다.

眺めのいい部屋にお願いします。

나가메노이이헤야니 오네가이시마스

□ 산이 보이는 쪽 방은 조금 싸게 되나요?

山側のお部屋は少し安くなりますか。

야마가와노 오헤야와 스코시 야스쿠나리마스까

□ 호텔 방에 드라이어는 비치되어 있나요?

ホテルの部屋に、ドライヤーはついていますか。

호테루노헤야니 도라이야-와 쯔이테이마스까

□ 공항에서 호텔까지 송영버스(데려다 주는 버스)가 있나요?

空港からホテルまでの送迎バスはありますか。

쿠-코-까라 호테루마데노 소-게-바스와 아리마스까

□ 14일부터 17일까지 예약하고 싶습니다만…

十四日から十七日まで予約してほしいんですが。

쥬-욕까까라 쥬-시찌니찌마데 요야쿠시테호시잉데스가

□ 전망 좋은방으로 해주세요.

眺めのいい部屋にしてください。

나가메노이이헤야니 시테쿠다사이

□ 인터넷 이용 가능한 방을 부탁드려요.

インターネットの利用できる部屋をお願いします。

인타-넷또노 리요-데끼루헤야오 오네가이시마스

□ 방 이용료는 얼마입니까?

部屋の利用料はいくらですか。

헤야노 리요-료-와 이쿠라데스까

- 싱글과 더블의 가격차는 얼마입니까?

    シングルとダブルの価格差はいくらですか。

    싱구루토 다부루노 까까쿠사와 이쿠라데스까

- 가능한 한 윗층 방을 예약해주세요.

    なるべく上の階の部屋を取ってください。

    나루베쿠 우에노까이노 헤야오 톳테쿠다사이

- 숙박기간을 하루 연장하고 싶은데요.

    宿泊期間を一日延長していただきたいんですが。

    슈쿠하쿠끼깡오 이찌니찌엔쵸―시테 이따다끼따잉데스가

- 죄송합니다만, 예약을 취소해주시겠어요?

    すみませんが、予約のキャンセルをしてもらえますか。

    스미마센가 요야쿠노 캰세루오 시테모라에마스까

- 호텔에 피트니스클럽과 풀장은 딸려 있나요?

    ホテルにジムやプールはついていますか。

    호테루니 지무야 푸―루와 쯔이테이마스까

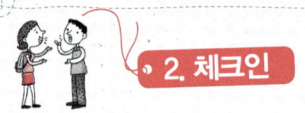

2. 체크인

□ 어서 오세요.

いらっしゃいませ。
이랏샤이마세

□ 체크인하려고요.

チェックインしたいんですが。
첵꾸인시따잉데스가

□ 예약하셨나요?

ご予約なさいましたか。
고요야쿠 나사이마시따까

□ 조진호라는 이름으로 예약했습니다.

ゾ・ジンホの名前で予約しました。
조진호노 나마에데 요야쿠시마시따

□ 예약 확인서를 보여주세요.

予約確認書を見せてください。
요야쿠카쿠닝쇼오 미세테쿠다사이

□ 510호입니다. 방 열쇠 여기 있습니다.

510号室です。部屋のカギはこちらです。

고하쿠쥬-고-시쯔데스 헤야노 카기와 고찌라데스

□ 제 짐 좀 날라주시겠어요?

私の荷物を運んでいただけますか。

와따시노 니모쯔오 하콘데이따다케마스까

□ 이 방이 마음에 들지 않아요.

この部屋が気に入りません。

코노 헤야가 끼니이리마센

□ 숙박신고서를 작성해 주세요.

宿泊申告書を作成してください。

슈쿠하쿠신코쿠쇼오 사쿠세-시테쿠다사이

□ 이 신고서는 어떻게 작성하나요?

この申告書はどのように作成するのですか。

코노 신코쿠쇼와 도노요-니 사쿠세-스루노데스까

- [ ] 현금과 신용카드 중 어느 것으로 지불하실 건가요?

  現金とカードのうち、どちらでお支払になりますか。

  겡낑토 카-도노 우찌 도찌라데 오시하라이니 나리마스까

- [ ] 현금으로 할게요.

  現金で払います。

  겡낑데 하라이마스

- [ ] 짐은 이게 다인가요?

  荷物はこれで全部ですか。

  니모쯔와 코레데 젬부데스까

- [ ] 예약을 다시 한 번 확인해 주세요.

  予約をもう一度確認してください。

  요야쿠오 모-이찌도 카쿠닝시테쿠다사이

- [ ] 예약 기록을 찾을 수 없는데요.

  予約記録がみつかりません。

  요야쿠끼로쿠가 미쯔까리마센

□ 예약을 확인한 방은 비워 놓습니다.

予約を確認した部屋は空けておきます。

요야쿠오 까쿠닝시따 헤야와 아케테오끼마스

□ 어느 분 성함으로 예약하셨습니까?

どなたのお名前で予約なさいましたか。

도나따노 오나마에데 요야쿠나사이마시따까

□ 예약을 못했습니다.

予約をしていません。

요야쿠오 시테이마센

□ 빈 방 있습니까?

空室はありますか。

쿠-시쯔와 아리마스까

□ 더블룸으로 드릴까요, 싱글룸으로 드릴까요?

ダブルになさいますか、シングルになさいますか。

다부루니 나사이마스까 싱구루니 나사이마스까

□ 더블룸으로 주세요.

ダブルにしてください。

다부루니 시테쿠다사이

□ 하루에 얼마죠?

一泊いくらですか。

입빠쿠 이쿠라데스까

□ 더 싼 방은 없나요?

もっと安い部屋はありませんか。

못또 야스이헤야와 아리마센까

□ 이 요금에 아침식사가 포함되어 있나요?

この料金に朝食は含まれていますか。

코노 료-킨니 쵸-쇼쿠와 후쿠마레테이마스까

□ 봉사료와 세금이 포함된 건가요?

サービス料と税金は含まれていますか。

사-비스료-토 제-킨와 후쿠마레테이마스까

- 먼저 방을 볼 수 없나요?

  先に部屋を見ることはできませんか。

  사끼니 헤야오 미루코토와 데끼마센까

- 이 방으로 할게요.

  この部屋にします。

  코노 헤야니 시마스

- 얼마 동안 계실 건가요?

  何日間のご滞在ですか。

  난니찌깡노 고타이자이데스까

- 이틀이요.

  二日間です。

  후쯔카깡데스

- 체크아웃은 언제까지인가요?

  チェックアウトは何時までですか。

  첵꾸아우토와 난지마데데스까

□ 체크아웃 시간은 오전 10시 30분까지입니다.

チェックアウト時刻は午前10時30分までです。

쳭꾸아우토지코쿠와 고젠 쥬―지 산쥼뿐마데데스

□ 포터가 가방을 날라드리고 방을 안내해 드릴 겁니다.

ポーターがカバンを運び、お部屋へご案内いたします。

포―타―가 가방오 하코비 오헤야에 고안나이이따시마스

□ 체크인까지 시간이 있습니다만, 짐을 맡길 수 있을까요?

チェックインまで時間がありますが、荷物を預かってもらえますか。

쳭꾸인마데 지깡가 아리마스가 니모쯔오 아즈깟테모라에마스까

□ 예약 안 했는데, 비어 있는 방 있어요?

予約してないんですけど、開いている部屋はありますか。

요야쿠시테나잉데스케도 아이테이루헤야와 아리마스까

□ 여기가 손님 방입니다.

こちらがお客様のお部屋になります。

고찌라가 오갸쿠사마노 헤야니 나리마스

□ 좀더 좋은 방은 없어요?

もっといい部屋はありませんか。

못토 이이헤야와 아리마셍까

□ 김상호라는 이름으로 방 2개를 예약했는데요.

キムサンホの名前で2ルーム予約してあるんですけど。

김상호노 나마에데 쯔-루-무 요야쿠시테아룽데스케도

□ 오래 기다리셨습니다. 방으로 안내해드리겠습니다.

お待たせしました。お部屋にご案内いたします。

오마따세시마시따 오헤야니 고안나이이따시마스

□ 여기 체크인 양식을 기입해주시겠습니까?

こちらのチェックインフォームを記入していただけますか。

고찌라노 첵꾸인 호-무오 키뉴-시테이따다케마스까

□ 방은 706실입니다. 푹 쉬세요.

お部屋は706室です。どうぞごゆっくり。

오헤야와 나나제로로쿠시쯔데스 도-조 고육쿠리

□ 예약은 본인 성함으로 하셨습니까?

予約はご本人様のお名前でされましたか。

요야쿠와 고혼닝사마노 나마에데사레마시따까

□ 호텔 홈페이지에서 예약했습니다만…

ホテルのホームページから予約したんですけど。

호테루노 호-무페-지까라 요야쿠시땅데스케도

□ 예약 리스트에서 이름을 확인할 수 없습니다만…

予約リストにお名前が確認できませんが。

요야꾸리스토니 오나마에가 까쿠닝데끼마센가

□ 지불은 어떻게 하시겠습니까?

お支払はどうなさいますか。

오시하라이와 도-나사이마스까

□ 귀중품은 프런트에 맡길 수 있지요?

貴重品はフロントに預けられますよね。

끼쵸-힝와 후론토니 아즈케라레마스요네

3. 룸 서비스

□ 룸 서비스 부탁합니다.

ルームサービスをお願いします。
루-무사비스오 오네가이시마스

□ 방 번호 좀 알려 주세요.

お部屋の番号を教えてください。
오헤야노 반고-오 오시에테쿠다사이

□ 732호입니다.

732号室です。
나나산니고-시쯔데스

□ 모닝콜 부탁합니다.

モーニングコールをお願いします。
모-닝구코-루오 오네가이시마스

□ 몇 시예요?

何時ですか。
난지데스까

☐ 내일 아침 6시 30분입니다.

明日の朝、6時30分です。

아시따노아사 로쿠지산쥽뿐데스

☐ 아침식사를 방으로 가져다주세요.

朝食を部屋まで持ってきてください。

쵸―쇼쿠오 헤야마데 못테끼테 쿠다사이

☐ 샌드위치와 주스를 가져다 주세요.

サンドウィッチとジュウスを持ってきてください。

산도윗찌토 쥬―스오 못테끼테쿠다사이

☐ 어서 오세요. 방까지 짐을 옮겨드리겠습니다.

いらっしゃいませ。お部屋までお荷物お運びいたします。

이랏샤이마세 오헤야마데 오니모쯔 오하코비이따시마스

☐ 방까지 트렁크를 옮겨주세요.

部屋までトランクを運んでください。

헤야마데 토랑쿠오 하콘데쿠다사이

□ 여기 방이십니다.

こちらのお部屋になります。
고찌라노 오헤야니 나리마스

□ 이건 팁이에요.

これはチップです。
코레와 칩뿌데스

□ 그 밖에 부탁하실 거 있으세요?

他に何かございますか。
호까니 나니까고자이마스까

□ 룸서비스를 부탁합니다.

ルームサービスをお願いします。
루-무사-비스오 오네가이시마스

□ 내일 아침 7시에 아침을 먹고 싶은데요.

明日の朝7時に朝食を食べたいんですが。
아시따노아사 시찌지니 쵸-쇼쿠오 따베따잉데스가

☐ 그러면 편히 쉬십시오.

それではどうぞごゆっくり。

소레데와 도-조 고육쿠리

☐ 내일 아침 6시에 모닝콜을 부탁드립니다.

明日の朝6時にモーニングコールをお願いします。

아시따노아사 로쿠지니 모-닝구코-루오 오네가이시마스

☐ 세탁을 부탁하고 싶은데요.

クリーニングをお願いしたいんですけど。

쿠리-닝구오 오네가이시따잉데스케도

☐ 아침까지 클리닝해서 가져와 주시겠어요?

朝までにクリーニングして持ってきてもらえますか。

아사마데니 쿠리-닝구시테 못테끼테모라에마스까

☐ 에어컨 상태가 안 좋은 것 같은데, 방으로 좀 와주세요.

エアコンの調子が悪いんですが、ちょっと部屋までお越しください。

에아콘노쵸-시가 와루잉데스케도 춋또 헤야마데 오코시쿠다사이

□ 샤워 온수가 안 나옵니다. 고쳐주세요.

シャワーのお湯が出ません。直してください。

샤와-노 오유가 데마센 나오시테쿠다사이

□ 체크아웃할 때 같이 정산해주세요.

チェックアウトの時にまとめて清算してください。

쳭꾸아우토노 토끼니 마토메테 세-산시테쿠다사이

□ 아침식사는 뷔페식입니다.

朝食はバイキングでございます。

쵸-쇼쿠와 바이킹구데고자이마스

□ 아침식사는 방으로 가져다주실 수 있으세요?

朝食は部屋に運んでもらえますか。

쵸-쇼쿠와 헤야니 하콘데모라에마스까

□ 청소를 부탁드릴게요.

掃除をお願いします。

소-지오 오네가이시마스

□ 외출한 후에 청소를 해주세요.

外出した後、掃除をしておいてください。

가이슈쯔시따아토 소-지오 시테오이테쿠다사이

□ 깨우지 말아 주세요.

起こさないでください。

오코사나이데쿠다사이

□ 몇 시까지 룸서비스를 부탁할 수 있지요?

何時までルームサービスを頼めますか。

난지마데 루-무사-비스오 타노메마스까

□ 술안주로 햄 날 것을 가져다주시겠어요?

お酒のつまみに生ハム持ってきてもらえますか。

오사케노쯔마미니 나마하무 못테끼테모라에마스까

□ 마사지 부탁할 수 있을까요?

マッサージをお願いできますか。

맛사-지오 오네가이데끼마스까

□ 주차는 무료입니까?

駐車は無料ですか。

츄-샤와 무료-데스까

□ 제 차 좀 가지고 와주시겠어요?

私の車、持ってきてもらえますか。

와따시노 구루마 못테키테모라에마스까

□ 택시를 잡아주세요.

タクシーをつかまえてください。

타쿠시-오 쯔까마에테쿠다사이

□ 방에 놔뒀던 카메라가 없어졌는데요.

部屋に置いておいたカメラがなくなったんですけど。

헤야니 오이테오이따카메라가 나쿠낫땅데스케도

□ 방에 열쇠를 놓고 나와 버렸어요.

部屋にキーを置いて出てきてしまったんです。

헤야니 키-오 오이테 데테키테시맛땅데스

4. 기타 서비스

☐ 식당은 어디에 있나요?

食堂はどこですか。

쇼쿠도-와 도코데스까

☐ 제게 온 메시지 없나요?

私あてのメッセージはありませんか。

와따시아테노 멧세-지와 아리마센까

☐ 택시 좀 불러주세요.

タクシーを呼んでください。

타쿠시-오 욘데쿠다사이

☐ 택시까지 짐 좀 날라다 주세요.

タクシーまで荷物を運んでください。

타쿠시-마데 니모쯔오 하콘데쿠다사이

☐ 짐을 다섯 시까지 보관해 주시겠어요?

荷物を5時まで保管していただけますか。

니모쯔오 고지마데 호칸시테이따다케마스까

☐ 짐 찾으러 왔는데요.

荷物を取りにきました。

니모쯔오 토리니 끼마시따

☐ 열쇠를 방안에 두고 나왔어요.

カギを部屋の中に置いてきました。

카기오 헤야노나까니 오이테끼마시따

☐ 방문이 잠겼어요.

部屋のドアが閉まりました。

헤야노 도아가 시마리마시따

☐ 내 방 자물쇠가 고장났어요.

私の部屋のカギが壊れました。

와따시노 헤야노 카기가 코와레마시따

☐ 방에 열쇠를 놓아둔 채 문을 잠갔어요.

部屋にカギを置いたまま、ドアを閉めてしまいました。

헤야니 카기오 오이따마마 도아오 시메테시마이마시따

☐ 방을 바꾸고 싶은데요.

部屋を替えたいのですが。

헤야오 까에따이노데스가

☐ 다른 방을 배정해 드리겠습니다.

ほかの部屋をご用意いたします。

호까노 헤야오 고요-이이따시마스

☐ 시외 전화는 어떻게 거나요?

市外電話はどのようにかけますか。

시가이뎅와와 도노요-니 까케마스까

☐ 귀중품 좀 보관해 주세요.

貴重品を保管してください。

끼쵸-힝오 호칸시테쿠다사이

☐ 귀중품을 금고에 보관할 수 있을까요?

貴重品を金庫に保管できますか。

끼쵸-힝오 낀코니 호깡데키마스까

5. 편의 시설

□ 식당은 언제 여나요?

食堂は何時に開きますか。
쇼쿠도-와 난지니 아끼마스까

□ 커피숍은 언제 문을 닫나요?

コーヒーショップは何時に閉まりますか。
코-히-숍뿌와 난지니 시마리마스까

□ 커피숍에서 간단한 식사를 할 수 있나요?

コーヒーショップで、簡単な食事ができますか。
코-히-숍뿌데 간딴나 쇼쿠지가 데끼마스까

□ 아침 식사는 몇 시인가요?

朝食は何時ですか。
쵸-쇼쿠와 난지데스까

□ 무엇을 주문하시겠습니까?

何を注文なさいますか。
나니오 츄-몬나사이마스까

□ 계란 프라이와 베이컨을 주세요.

目玉焼きとベーコンをください。

메다마야끼토 베―콩오 쿠다사이

□ 물 좀 주시겠어요?

お水をいただけますか。

오미즈오 이따다케마스까

□ 계산서 좀 주세요.

ビルをください。

비루오 쿠다사이

□ 숙박비에 포함시켜 주세요.

宿泊費に含めてください。

슈쿠하쿠히니 후쿠메테쿠다사이

□ 이 호텔에 팩스 있나요?

このホテルにファックスはありますか。

코노 호테루니 확쿠스와 아리마스까

- 인터넷 좀 쓸 수 있나요?

    インターネットは使(つか)えますか。

    인타-넷또와 쯔까에마스까

- 공중전화는 어디에 있나요?

    公衆電話(こうしゅうでんわ)はどこにありますか。

    코-슈-뎅와와 도코니 아리마스까

- 드라이클리닝 되나요?

    ドライクリーニングできますか。

    도라이쿠리-닝구 데끼마스까

- 이 셔츠와 바지를 세탁해 주세요.

    このシャツとズボンを洗濯(せんたく)してください。

    코노 샤츠토 즈봉오 센타쿠시테쿠다사이

- 이 바지 좀 다려주세요.

    このズボンにアイロンをかけてください。

    코노 즈봉니 아이롱오 까케테쿠다사이

- [ ] 7시에 가져다주세요.

    7時に持ってきてください。

    시찌지니 못테끼테쿠다사이

- [ ] 호텔 내부 전화는 어디에 있나요?

    ホテルの内線電話はどこにありますか。

    호테루노 나이센뎅와와 도코니 아리마스까

- [ ] 전화 사용법 좀 알려 주시겠어요?

    電話の使いかたを教えていただけますか。

    뎅와노 쯔까이가타오 오시에테이따다케마스까

- [ ] 제 방에서 국제전화를 할 수 있나요?

    私の部屋から国際電話をかけられますか。

    와따시노 헤야까라 코쿠사이뎅와오 까케라레마스까

- [ ] 귀중품을 맡길 수 있나요?

    貴重品を預けてもいいですか。

    끼쵸-힝오 아즈케테모 이이데스까

□ 이 물건들을 맡기고 싶어요.

これらの物を預けたいのですが。
코레라노 모노오 아즈케따이노데스가

□ 안전보관함 좀 부탁해요.

セーフティボックスをお願いします。
세-후티복쿠스오 오네가이시마스

□ 안전보관함에서 제 여권을 꺼내고 싶은데요.

セーフティボックスからパスポートを取り出したいのですが。
세-후티복쿠스까라 파스포-토오 토리다시따이노데스가

□ 안전보관함 열쇠를 찾을 수가 없어요.

セーフティボックスのカギが見つかりません。
세-후티복쿠스노 카기가 미쯔까리마셍

□ 국제전화를 걸고 싶습니다.

國際電話をかけたいんです。
코쿠나이뎅와오 까케따잉데스

□ 국제전화 요금은 얼마입니까?

國際電話の料金はいくらですか。

코쿠사이뎅와노 료-킨와 이쿠라데스까

□ 미국 번호는 몇 번인지 가르쳐주시겠어요?

アメリカの國番号は何番か教えていただけますか。

아메리카노 코쿠방고-와 난반까 오시에테이따다케마스까

□ 국제전화를 걸고싶은데, 어떻게 사용합니까?

國際電話をかけたいんですが、どうやって使いますか。

코쿠사이뎅와오 까케따잉데스가 도-얏테 쯔까이마스까

□ 국제전화를 걸 경우, 추가요금이 듭니까?

國際電話をかける場合、追加料金がかかりますか。

코쿠사이뎅와오 까케루바아이 쯔이까료-킨가 까까리마스까

□ 국제전화서비스를 받을 수 있습니까?

國際電話サービスを受けることができますか。

코쿠사이뎅와사-비스오 우케루코또가 데끼마스까

6. 체크아웃

☐ 내일 아침 일찍 체크아웃할 겁니다.

明日、朝早くチェックアウトします。

아시따 아사하야쿠 첵꾸아우토시마스

☐ 지금 체크아웃 하려고요.

今、チェックアウトします。

이마 첵꾸아우토시마스

☐ 명세서 주시겠어요?

明細書くださいませんか。

메-사이쇼 쿠다사이마센까

☐ 여기 객실 요금명세서가 있습니다.

こちらが客室料金明細書です。

고찌라가 갸쿠시쯔 료우킨메-사이쇼데스

☐ 숙박료는 얼마인가요?

宿泊料はいくらですか。

슈쿠하쿠료-와 이쿠라데스까

☐ 계산이 잘못된 것 같아요.

計算が間違っているようです。

케-산가 마찌갓테이루요-데스

☐ 객실료를 어떻게 지불하실 건가요?

客室料のお支払はどういたしますか。

캬쿠시쯔료-노 오시하라이와 도우이따시마스까

☐ 여행자 수표로 지불하겠습니다.

トラベラーズチェックで払います。

토라베라-즈첵꾸데 하라이마스

☐ 영수증 좀 주세요.

領収証をください。

료-슈-쇼-오 쿠다사이

☐ 팁 받으세요.

チップを受け取ってください。

칩뿌오 우케톳테쿠다사이

□ 하루 일찍 떠나려고요.

一日早く出発します。

이찌니찌 하야쿠 슙빠쯔시마스

□ 하룻밤 더 머물려고요.

もう一泊します。

모우 입빠꾸시마스

□ 체크아웃은 몇 시까지입니까?

チェックアウトは何時までですか。

첵꾸아우또와 난지마데데스까

□ 체크아웃하고 싶은데 정산해주세요.

チェックアウトしたいんですが、清算してください。

첵쿠아우토시따잉데스가 세―산시테쿠다사이

□ 체크아웃하고 싶은데 어디에서 하면 될까요?

チェックアウトしたいんですけど、どこですればいいんですか。

첵꾸아우토시다잉데스케도 도코데스레바 이잉데스까

- [ ] 5분 후에 프론트로 갈 테니까, 체크아웃해주시겠어요?

  5分後にフロントに行くので、チェックアウトしてくれませんか。

  고훈고니 후론토니 이쿠노데 첵꾸아우토시테쿠레마센까

- [ ] 방에 물건을 두고 나왔어요.

  部屋に忘れ物をしました。

  헤야니 와스레모노오 시마시따

- [ ] 예약할 때 사용하신 카드로 계산하겠습니다.

  予約のときに使ったカードで計算します。

  요야쿠노토끼니 쯔깟따 카-도데 케-산시마스

- [ ] 서비스요금 10%가 가산된 요금입니다.

  サービス料10%が加算された料金になります。

  사-비스료-쥽빠센또가 까산사레따 료-킨니나리마스

- [ ] 룸서비스는 부탁 안 했는데, 같이 계산되어 있네요.

  ルームサービスは頼まないんですが、一緒に計算されてます。

  루-무사-비스와 타노마나잉데스가 잇쇼니 케-산사레테마스

☐ 체크아웃 시간을 3시간 정도 늦춰주시겠어요?

チェックアウトの時間を3時間ほど遅らせてもらえますか。

첵꾸아우토노지깡오 산지깡호도 오쿠라세테모라에마스까

☐ 여기에 사인해주시겠습니까?

ここにサインしていただけますか。

코코니 사인시테이따다케마스까

☐ 당 호텔을 이용해주셔서 진심으로 감사드립니다.

当ホテルをご利用いただき誠にありがとうございます。

토-호테루오 고리요-이따다키 마코토니 아리가토-고자이마스

☐ 다시 이용하실 것을 마음으로부터 기다리고 있겠습니다.

またのご利用を心よりお待ち申し上げております。

마따노 고리요-오 코코로요리 오마찌 모-시아게테오리마스

☐ 명세서 여기 있습니다.

明細書はこちらです。

메-사이쇼와 고찌라데스

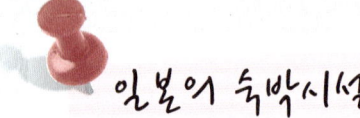
일본의 숙박시설

일본의 숙박시설로는 특급호텔, 비즈니스호텔, 민박, 유스호스텔, 게스트하우스 등이 있다.

특급호텔은 최고급의 숙박시설로 갖가지 편의시설이 갖춰져 있고, 통역서비스와 관광지에 대한 안내서비스까지 제공하고, 공항리무진 버스가 호텔까지 운영되므로 매우 편리하다. 숙박료는 15,000엔 이상에서 45,000엔까지 다양하다.

비즈니스 호텔은 2~3성급 정도의 호텔인데, 침대 하나에 사람이 지나다닐 수 있는 통로 정도가 전부일 정도로 아주 비좁다. 객실에는 냉난방 시설과 TV, 냉장고, 전화, 개별 샤워시설 등이 갖춰져 있다. 숙박료는 6,000엔에서 1만엔 정도이다.

민박은 한인들이 운영하는 경우가 많은데 숙박료는 3,000엔에서 5,000엔 사이로 저렴하다. 개별 샤워시설이 없고 공동으로 사용하는 경우가 많아 다소 불편하다.

유스호스텔은 여러 명이 함께 생활하는 숙박형태로 욕실, 화장실 등이 공용이며, 세탁실, 휴게실 등이 유료로 운영되고 있다. 숙박료는 3,000엔에서 4,000엔 사이인데 유스호스텔 증이 없는 경우 500엔~1,000엔 정도의 추가요금을 내야 한다.

게스트하우스는 유스호스텔과 마찬가지로 공동생활을 하는 숙박시설인데, 시설이 다소 떨어진다. 숙박료는 2,000엔~3,000엔 사이이다.

그 밖에 료깡(일본 전통 여관), 갭슐호텔, 민슈꾸(일반 가정집에서 운영) 등이 있다.

식사 Ⅳ

1. 식당 예약
2. 주문하기
3. 필요한 것 부탁하기
4. 술집
5. 패스트푸드점에서
6. 계산하기

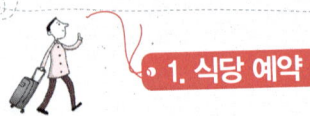

1. 식당 예약

☐ 가벼운 식사를 하고 싶은데요.

軽い食事をしたいんです。

까루이 쇼쿠지오 시따잉데스

☐ 몇 분이신가요?

何名様ですか。

난메-사마데스까

☐ 혼자입니다.

ひとりです。

히또리데스

☐ 오늘저녁 5인석을 예약하고 싶은데요.

今晩６人席を予約したいんですが。

콘방 로쿠닌세끼오 요야쿠시따잉데스가

☐ 오늘 저녁 7시에 예약 가능한가요?

今日の夜7時に予約できますか。

쿄-노요루 시찌지니 요야쿠데끼마스까

□ 금연석이요, 흡연석이요?

禁煙席ですか、喫煙席ですか。

낀엔세끼데스까 끼쯔엔세끼데스까

□ 흡연석으로 할게요.

喫煙席にします。

끼쯔엔세끼니 시마스

□ 예약을 하지 않았습니다.

予約はしておりません。

요야쿠와 시테오리마센

□ 7시 반에 4명 예약되어 있습니다만…

7時半に4人、予約してあるんですが。

시찌지항니 요닝 요야쿠시테아룽데스가

□ 성함을 알려주시겠습니까?

お名前を教えてくれませんか。

오나마에오 오시에테쿠레마센까

□ 예약을 취소하고 싶은데요.

予約をキャンセルしたいんですが。

요야쿠오 칸세루시따잉데스가

□ 창가 쪽 자리로 주세요.

窓側の席をください。

마도가와노 세끼오 쿠다사이

□ 조용한 안쪽 자리로 부탁드립니다.

静かな奥の席におねがいします。

시즈까나 오쿠노세끼니 오네가이시마스

□ 테이블 좀 바꿀 수 있을까요?

テーブルを替えてもらえますか。

테-부루오 까에테모라에마스까

□ 전망이 좋은 자리에 앉고 싶어요.

眺めのいい席がほしいんですが。

나가메노 이이세끼가 호시잉데스가

□ 세 사람인데 자리가 있을까요?

3人ですが、席はありますか。

산닝데스가 세끼와 아리마스까

□ 자리가 날 때까지 기다려도 될까요?

席が空くまで、待ってもいいですか。

세끼가 아쿠마데 맛테모이이데스까

□ 얼마나 기다리죠?

どれくらい待ちますか。

도레구라이 마찌마스까

□ 15분 정도요.

15分くらいです。

쥬―고훈구라이데스

□ 다음에 다시 올게요.

また来ます。

마따 끼마스

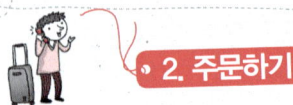

2. 주문하기

☐ 주문하시겠습니까?

ご<ruby>注文<rt>ちゅうもん</rt></ruby>なさいますか。

고쮸―몬나사이마스까

☐ 무엇으로 하시겠습니까?

<ruby>何<rt>なに</rt></ruby>になさいますか。

나니니나사이마스까

☐ 세트 메뉴 있나요?

セットメニューはありますか。

셋토 메뉴와 아리마스까

☐ 메뉴 좀 보여주세요.

メニューを<ruby>見<rt>み</rt></ruby>せてください。

메뉴―오 미세테쿠다사이

☐ 오늘의 추천요리는 무엇입니까?

<ruby>今日<rt>きょう</rt></ruby>のおすすめは<ruby>何<rt>なん</rt></ruby>ですか。

교―노 오스스메와 난데스까

□ 추천 좀 해 주세요.

おすすめしてください。
오스스메시테쿠다사이

□ 빨리 됩니까?

早_{はや}くできますか。
하야쿠 데끼마스까

□ 양파는 빼 주세요.

玉_{たま}ねぎは抜_ぬいてください。
다마네기와 누이테쿠다사이

□ 채식주의자를 위한 메뉴 있나요?

ベジタリアン向_むけのメニューはありますか。
베지타리안무케노 메뉴-와 아리마스까

□ 아직 못 정했는데, 조금 더 있다가 주문하겠습니다.

まだ決_きめてないんだけど、もう少_{すこ}ししてから注文_{ちゅうもん}します。
마다 끼메테나잉다케도 모-스코시시테까라 츄-몬시마스

□ 주문하고 싶은데요.

注文をしたいのですが。

츄-몽오 시따이노데스가

□ 이것과 이것을 주세요.

これとこれをください。

코레토 코레오 쿠다사이

□ 더 주문할 것은 없나요?

ほかにご注文はございませんか。

호까니 고츄-몬와 고자이마센까

□ 스테이크를 어떻게 익혀 드릴까요?

ステーキの焼きかたはどうなさいますか。

스테-끼노 야끼가타와 도-나사이마스까

□ 웰던(well-done)으로 부탁드리겠습니다.

ウェルーダンでお願いします。

웨루-단데 오네가이시마스

□ 반쯤 익혀 주세요.

ミディアムにしてください。

미디아무니 시테쿠다사이

□ 저도 같은 걸로 하겠습니다.

私（わたし）も同（おな）じものにします。

와따시모 오나지모노니 시마스

□ 밥은 듬뿍 얹어 주세요.

ライスは大盛（おおも）りにしてください。

라이스와 오-모리니 시테쿠다사이

□ 디저트는 뭘로 하시겠어요?

デザートは何（なに）になさいますか。

데자-또와 나니니 나사이마스까

□ 디저트는 나중에 주문할게요.

デザートはあとで注文（ちゅうもん）します。

데자-또와 아토데 츄-몬시마스

☐ 디저트는 필요없습니다.

デザートはいりません。
데자−또와 이리마셍

☐ 디저트는 아이스크림으로 할게요.

デザートはアイスクリームにします。
데자−또와 아이스쿠리−무니 시마스

☐ 주스는 어떤 걸로 하시겠습니까?

ジュースは何になさいますか。
쥬−스와 나니니 나사이마스까

☐ 오렌지주스 주세요.

オレンジジュースをください。
오렌지쥬−스오 쿠다사이

☐ 차로 할게요.

お茶にします。
오챠니 시마스

3. 필요한 것 부탁할 때

□ 주문한 요리가 아직 안 나왔어요.

注文した料理がまだ出ないんですが。

츄—몬시따 료—리가 마다 데나잉데스가

□ 주문을 확인해주세요.

注文を確かめてください。

츄—몽오 따시까메테쿠다사이

□ 더 기다려야 하나요?

もっと待たなくてはなりませんか。

못토 마따나쿠테와 나리마센까

□ 저쪽 자리로 옮겨도 되나요?

あちらの席に移ってもいいですか。

아찌라노 세끼니 우쯧테모이이데스까

□ 주문을 취소하고 싶은데요.

注文をキャンセルしたいのですが。

츄—몽오 칸세루시따이노데스가

☐ 주문을 바꿔도 될까요?

注文を替えてもいいですか。

츄−몽오 까에테모 이이데스까

☐ 이거 부탁한 거 아닌데요.

これ、頼んでないんですけど。

이거 타논데나잉데스케도

☐ 이건 주문 안 했는데요.

これは注文していませんが。

코레와 츄−몬시테이마셍가

☐ 덜 익은 것 같아요.

ちょっと火が通っていないようですが。

춋또 히가 토옷테이나이요−데스가

☐ 여기요! 수프에 벌레가 들어 있는데요!

すみません! スープに虫が入ってるんですけど!

스미마센 스−푸니 무시가 하잇테룽데스케도

☐ 이걸 치워주세요.

これを下げてください。

코레오 사게테쿠다사이

☐ 빵을 좀 더 주세요.

もう少しパンをください。

모-스코시 팡오 쿠다사이

☐ 이 요리는 어떤 요리입니까?

この料理はどんな料理ですか。

코노 료-리와 돈나료-리데스까

☐ 물수건 가져다주시겠어요?

おしぼりを持ってきてもらえますか。

오시보리오 못테끼테모라에마스까

☐ 물 좀 주세요.

お水をください。

오미즈오 쿠다사이

□ 물 좀 가져다주시겠어요?

お水を持ってきてもらえますか。

오미즈오 못테끼테모라에마스까

□ 도로 가져가 주시겠어요?

下げていただけますか。

사게테이따다케마스까

□ 숟가락[나이프]을 떨어뜨렸어요.

スプーン[ナイフ]を落としてしまいました。

스푼-[나이후]오 오토시테시마이마시따

□ 소금 좀 건네주세요.

お塩をとってください。

오시오오 톳테쿠다사이

□ 식후 디저트가 있습니까?

食後のデザート、ありますか。

쇼쿠고노 데자-또와 아리마스까

4. 술집

□ 무엇을 마실 겁니까?

何を飲みますか。
<small>なに   の</small>

나니오 노미마스까

□ 술은 어떤 종류가 있나요?

お酒はどんな種類がありますか。
<small>さけ   しゅるい</small>

오사케와 돈나 슈루이가 아리마스까

□ 우선 이것만 부탁드릴게요.

とりあえずこれだけお願いします。
<small>　　　　　　　　　　　ねが</small>

토리아에즈 코레다케 오네가이시마스

□ 생맥주 중간짜리로 3개 주세요.

中生みっつください。
<small>ちゅうなま</small>

츄-나마 밋쯔 쿠다사이

□ 생맥주 한 잔 주세요.

生ビールを一杯ください。
<small>なま　　　　いっぱい</small>

나마비-루오 입빠이 쿠다사이

☐ 마티니 있나요?

マティーニありますか。

마티-니 아리마스까

☐ 위스키는 어떻게 드릴까요?

ウイスキーはどういたしましょうか。

우이스키-와 도-이따시마쇼-까

☐ 물이랑 얼음하고 같이 주세요.

水と氷を一緒にください。

미즈토 코오-리오 잇쇼니 쿠다사이

☐ 위스키에 얼음을 넣어 주세요.

ウイスキーに氷を入れてください。

위스키니 코-리오 이레테쿠다사이

☐ 포도주 한 잔 주세요.

ワインを一杯ください。

와인오 입빠이 쿠다사이

□ 와인 리스트를 보여주실 수 있겠습니까?

ワインリストを見せてもらえますか。

와인리스토오 미세테모라에마스까

□ 와인은 레드(red)랑 화이트(white)랑 어떤 것이 좋습니까?

ワインは赤と白、どっちがいいですか。

와인와 아까토시로 돗찌가 이이데스까

□ 이 와인 다른 병에 옮겨 담아주실 수 있어요?

このワイン、デキャンテイングしてもらえますか。

코노와인 데칸테잉구시테모라에마스까

□ 와인 시음은 어떻게 하시겠습니까?

テイスティングは、いかがなさいますか。

테이스팅구와 이까가나사이마스까

□ 오늘밤에는 내가 사겠습니다.

今夜は私がおごります。

콘야와 와따시가 오고리마스

□ 이 가게에서는 이 정도로 하고, 장소 이동합시다.

この店はこれくらいにして、場所移動しましょう。

코노미세와 코레구라이니시테 바쇼이도−시마쇼−

□ 술안주는 무엇으로 하시겠습니까?

お酒のおつまみは何になさいますか。

오사케노 오쯔마미와 나니니 나사이마스까

□ 안주는 어떤 게 있나요?

おつまみは何がありますか。

오쯔마미와 나니가 아리마스까

□ 한 잔 더 주세요.

もう一杯ください。

모−입빠이 쿠다사이

□ 재떨이 좀 주세요.

灰皿をください。

하이자라오 쿠다사이

□ 따끈하게 데운 것을 좋아합니다.

熱燗が好きです。
아쯔깡가 스끼데스

□ 소주는 얼마 정도 마실 수 있습니까?

焼酎はいくらくらい飲めますか。
쇼-츄-와 이쿠라구라이 노메마스까

□ 이 잔 더러운데 바꿔주시겠습니까?

このグラス汚れてるんですけど、取り替えてもらえますか。
코노 구라스 요고레테룽데스케도 토리까에테모라에마스까

□ 2차 가지 않을래요?

2次回に行かないですか。
니지까이니 이까나이데스까

□ 2차 갑시다.

もう一軒行きましょう。
모-잇켕 이끼마쇼-

5. 패스트푸드점에서

□ 어디서 주문하나요?

どこで注文しますか。

도코데 츄-몬시마스까

□ 빅맥 햄버거와 콜라 작은 것 하나 주세요.

ビッグマックとコーラのSをください。

빅구막꾸토 코-라노 에스오 쿠다사이

□ 샌드위치랑 오렌지 주스 주세요.

サンドイッチとオレンジジュースをください。

산도잇치토 오렌지 쥬-스오 쿠다사이

□ 치즈버거는 10분 정도 기다리셔야 합니다만…

チーズバーガーは、10分ほどお待ちいただきますが。

치-즈바-가-와 쥽뿐호도 오마찌이따다키마스가

□ 콜라 대신에 냉커피도 가능합니까?

コーラのかわりに、アイスコーヒーもできますか。

코-라노까와리니 아이스코-히-모 데끼마스까

☐ 바닐라셰이크 세 개 주세요.

バニラシェイクみっつください。

바니라세이꾸 밋쯔 쿠다사이

☐ 감자튀김은 미디엄(M)사이즈로 해주세요.

フライドポテトはMサイズにしてください。

후라이도포테토와 에무사이즈니시테쿠다사이

☐ 새로 나온 메뉴는 없습니까?

新しく出たメニューはありませんか。

아따라시쿠 데따메뉴와 아리마센까

☐ 햄버거에 마요네즈는 넣지 말아 주세요.

ハンバーガーにマヨネーズを入れないでください。

함바-가-니 마요네-즈오 이레나이데쿠다사이

☐ 콜라에 얼음을 넣지 말아 주세요.

コーラに氷を入れないでください。

코-라니 코-리오 이레나이데쿠다사이

- A세트랑 C세트 하나씩 주세요.

  AセットとCセットとひとつずつください。

  에-셋또토 씨-셋또토 히토쯔즈쯔쿠다사이

- 더 필요한 것은 없습니까?

  他に必要なものはありませんか。

  호까니 히쯔요-나모노와 아리마셍까

- 선불인가요?

  先払いですか。

  사끼바라이데스까

- 음료는 뭘로 하시겠어요?

  お飲み物は何になさいますか。

  오노미모노와 나니니 나사이마스까

- 커피로 할게요.

  コーヒーにします。

  코-히-니 시마스

☐ 크림과 설탕은 넣으십니까?

ミルクとお砂糖はお使いですか。

쿠리무토 오사토-와 오쯔까이데스까

☐ 여기에서 드시겠습니까, 가지고 가시겠습니까?

こちらでお召し上がりますか、お持ち帰りですか。

고찌라데 오메시아가리마스까 오모찌까에리데스까

☐ 여기에서 먹겠습니다.

ここで食べます。

코코데 따베마스

☐ 가지고 가겠습니다.

持ち帰ります。

모찌까에리마스

☐ 커피 리필 받을 수 있습니까?

コーヒーのお代わりもらえますか。

코-히-노 오까와리 모라에마스까

6. 계산하기

□ 계산해주세요.

お勘定をおねがいします。
오칸죠-오 오네가이시마스

□ 어디에서 지불하나요?

どこで払うのですか。
도코데 하라우노데스까

□ 얼마입니까?

いくらですか。
이쿠라데스까

□ 다 합쳐서 얼마입니까?

全部でいくらですか。
젬부데 이쿠라데스까

□ 여기는 내가 낼게.

ここは私持ち!
코코와 와따시모찌

□ 제가 모두 내겠습니다.

私^{わたし}がまとめて払^{はら}います。

와따시가 마토메테 하라이마스

□ 오늘은 각자 부담합시다.

今日^{きょう}は割^わり勘^{かん}しましょう。

쿄-와 와리깡시마쇼-

□ 따로따로 지불하고 싶은데요.

別々^{べつべつ}に支払^{しはら}いをしたいのですが。

베쯔베쯔니 시하라이오 시따이노데스가

□ 전부 같이 계산해주세요.

全部^{ぜんぶ}一緒^{いっしょ}に計算^{けいさん}してください。

젬부잇쇼니 케-산시테쿠다사이

□ 카드로 부탁드리겠습니다.

カードでお願^{ねが}いします。

카-도데 오네가이시마스

☐ 잔돈 없는데, 괜찮습니까?

細かいのないんだけど、いいですか。
코마까이노나잉다케도 이이데스까

☐ 봉사료가 포함된 건가요?

サービス料は込ですか。
사-비스료-와 코미데스까

☐ 주문하지 않은 것까지 계산되었는데요…

頼んでないものまで、計算されてるんですけど。
타논데나이모노마데 케-산사레테룬데스케도

☐ 이 계산서 틀리지 않았습니까?

このお勘定まちがってませんか。
코노 오칸죠-마찌갓테마셍까

☐ 잔돈이 모자라는데, 확인해주시겠습니까?

おつりが足りないんですけど、確認してもらえますか。
오쯔리가 따리나인데스케도 까쿠닝시테모라에마스까

□ 거스름돈을 잘못 주셨네요.

おつりが間違ってますよ。

오쯔리가 마찌갓테마스요

□ 감사합니다. 여기 있습니다, 손님.

ありがとうございます。こちらになります、お客様。

아리가또-고자이마스 코찌라니 나리마스 오갸쿠사마

□ 고마워요. 이건 받아두세요.

ありがとう。これはもらってください。

아리가또- 코레와 모랏테쿠다사이

□ 거스름돈은 가지세요.

おつりはもらってください。

오쯔리와 모랏테쿠다사이

□ 영수증 받을 수 있습니까?

領収書いただけますか。

료-슈-쇼 이따다케마스까

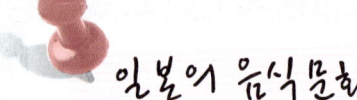
일본의 음식문화

 일본 음식은 주로 설탕, 소금, 간장, 식초, 된장, 맛술 등의 양념으로 맛을 낸다. 우리나라는 고추장, 고춧가루 등을 사용해 맵고 강한 맛을 즐기지만 일본 음식에서는 거의 사용하지 않는다. 섬나라이기 때문에 해산물이 풍부해 회, 초밥 등을 비롯한 해산물 요리가 발달해 있고, どんぶり(돈부리)라고 해서 덮밥 류의 음식을 즐겨 먹는다.

 우리나라와 마찬가지로 일본도 지방마다 조금씩 다른데 도쿄(東京)를 중심으로 한 간토지방(關東地方)에서는 간장으로 주로 맛을 내고 국물이 거의 없는 반면, 오사카(大阪)를 중심으로 하는 간사이지방(關西地方)은 소금간을 주로 하고, 국물이 많고 간이 심심한 것이 특징이다. 간토지방보다는 간사이지방의 음식이 한국인의 입맛에 맞는 편이다.

대표적인 음식

면 류 : 일본음식에서 면 종류는 라멘(らーめん), 소바(そば), 우동(うどん)이 대표적이다. 라멘은 지방마다 특유의 조리법이 있을 정도로 종류가 다양하다. 라멘을 크게 3종류로 나누면 쇼유라멘(醬油ラーメン: 간장으로 간을 한 라면), 돈코츠라멘(豚コツラーメン: 돼지 뼈를 푹 고아 국물을 우려낸 라면), 미소라멘(味噌ラーメン: 일본 된장으로 간을 한 라면) 등이 있다. 느끼한 음식을 좋아하지 않는 분이라면 돈코츠라멘은 피

하는 것이 좋다. 소바는 채반에 담은 것은 자루소바(蕎麥·ざるそば), 장국에 만 것은 시루소바(汁蕎麥·しるそば)로 나뉜다.

덮밥 류 : 돈부리(どんぶり) 또는 줄여서 돈이라고 하며 덮밥 류를 이르는 말이다. 요리를 한 재료를 밥 위에 올려 요리의 양념이 자연스럽게 밥에 스며들게 하는 게 특징이다. 비교적 가격이 저렴해 값싸게 한 끼를 해결하기에 좋은 메뉴이다. カツどん, 牛どん, 親子どん 등으로 쓰며, カツ가 붙은 것은 돈가스, 牛가 붙은 것은 소고기, 豚가 붙은 것은 돼지고기, 鷄가 붙은 것은 닭고기, てんぷら는 튀김이 들어간 음식이니 메뉴를 고를 때 참고하시길… 그리고 親子은 닭고기와 계란으로 만드는 덮밥으로 닭이 親(부모), 계란이 子(자식)이기 때문에 붙은 재미있는 이름이다. 가장 유명한 덮밥(규동) 전문점으로 吉野家와 松屋가있는데, 체인점이라 어디에서나 쉽게 발견할 수 있다.

초밥 : 초밥은 밥 위에 생선회를 올려놓은 음식으로 우리나라에서도 쉽게 접할 수 있는 음식이다. 초밥은 비교적 값이 비싼 음식인데, 그 초밥을 비교적 저렴한 가격에 제공하는 곳이 있다. 최근엔 우리나라에까지 널리 퍼져 있는 회전초밥(回轉壽司·かいてんずし)이 그곳인데, 이곳에서는 초밥 한 접시에 100엔~140엔 정도에 판매하고 있다. 그럼 여기서 몇 가지 생선이름에 대해 알아보도록 하자.

魚(さかな) 생선	まぐろ 참치	鯛(たい) 도미
烏賊(いか) 오징어	たこ 문어	鮭(さけ) 연어
鰻(うなぎ) 장어	蟹(かに) 게	海老/蝦(えび) 새우
穴(あなご) 붕장어		

도시락 : 일본에는 도시락 문화가 많이 발달해 있다. 도시락 전문점에 가면 미리 포장이 되어 있는 것을 살 수 있을 뿐 아니라 자신이 원하는 것을 골라서 도시락을 구입할 수도 있다. 편의점에서도 다양한 도시락을 판매하고 있다. 빠르고 싸게 한 끼를 해결하기에는 그만이다.

교통

V

1. 길을 묻는 표현
2. 지하철 이용
3. 버스 이용
4. 택시 이용
5. 렌트카
6. 기타 교통편

1. 길을 묻는 표현

□ 길 좀 묻겠습니다.

ちょっと道をおたずねしますが。

좃또 미찌오 오따즈네시마스가

□ 우에노공원을 찾고 있어요.

上野公園をさがしているのですが。

우에노코-엔오 사가시테이루노데스가

□ 오다이바에 가는 길 좀 알려 주실래요?

お台場に行く道を教えていただけますか。

오다이바니 이쿠미찌오 오시에테이따다케마스까

□ 아사쿠사는 어떻게 가나요?

浅草はどうやって行くのですか。

아사쿠사와 도우얏테 이쿠노데스까

□ 버스 정류장은 어디 있나요?

バス停はどこですか。

바스테-와 도코데스까

□ 여기서 가까운가요?

ここから近いですか。
コーコーカラ 치카이데스카

□ 역으로 가는 길 좀 알려 주실래요?

駅に行く道を教えていただけますか。
에끼니 이쿠미찌오 오시에테이따다케마스까

□ 출구는 어디 있나요?

出口はどこですか。
데구찌와 도코데스까

□ 택시로 얼마나 걸리나요?

タクシーでどのくらいかかりますか。
타쿠시-데 도노구라이 까까리마스까

□ 걸어서 가면 얼마나 걸리나요?

歩いていくとどのくらいかかりますか。
아루이테이쿠토 도노구라이 까까리마스까

- [ ] 걸어서 갈 만한가요?

  歩ける距離ですか。

  아루케루 쿄리데스까

- [ ] 길을 잃었어요.

  道に迷いました。

  미찌니 마요이마시따

- [ ] 여기가 어디예요?

  ここはどこですか。

  코코와 도코데스까

- [ ] 이 지도에서 제가 어디 있는 건가요?

  この地図だと、私はどこにいることになりますか。

  코노치즈다토 와따시와 도코니 이루코토니 나리마스까

- [ ] 여기로 데려다 주세요.

  ここまで連れていってください。

  코코마데 쯔레테잇테쿠다사이

2. 지하철 이용

☐ 가장 가까운 지하철역은 어디인가요?

いちばん近い地下鉄駅はどこですか。

이찌방 찌까이 찌카테쯔 에끼와 도코데스까

☐ 지하철 노선도 좀 주세요.

地下鉄の路線図をください。

찌카테쯔노 로센즈오 쿠다사이

☐ 지하철 표는 어디에서 사나요?

地下鉄のきっぷはどこで買いますか。

찌카테쯔노 깁뿌와 도코데 까이마스까

☐ 1일용 여행 티켓 주세요.

一日旅行チケットをください。

이찌니치 료코-치켓또오 쿠다사이

☐ 시부야역 한 장 주세요.

渋谷駅 1枚ください。

시부야에끼 이찌마이 쿠다사이

- 3구역 세 장 주세요.

　3<ruby>区域<rt>く いき</rt></ruby> 3<ruby>枚<rt>まい</rt></ruby>ください。

　산쿠이끼 산마이 쿠다사이

- 개찰구는 어디에 있나요?

　<ruby>改札口<rt>かいさつぐち</rt></ruby>はどこですか。

　까이사쯔구찌와 도코데스까

- 요금은 얼마인가요?

　<ruby>料金<rt>りょうきん</rt></ruby>はいくらですか。

　료-킹와 이쿠라데스까

- 에비스 역은 몇 번째 역인가요?

　<ruby>恵比寿駅<rt>えびすえき</rt></ruby>は<ruby>何番目<rt>なんばんめ</rt></ruby>の<ruby>駅<rt>えき</rt></ruby>ですか。

　에비스에끼와 난반메노 에끼데스까

- 다섯 정거장 더 가세요.

　あと5<ruby>駅<rt>えき</rt></ruby>です。

　아토 고에끼데스

- [ ] 이거 도청 가나요?

    これは都庁に行きますか。

    코레와 토쵸-니 이끼마스까

- [ ] 아뇨, 잘못 타셨어요.

    いいえ、乗り間違えてますよ。

    이이에 노리마찌가에테마스요

- [ ] 다음은 어느 역인가요?

    次はどの駅ですか。

    쯔기와 도노에끼데스까

- [ ] 아사쿠사로 나가는 출구는 어디인가요?

    浅草に出る出口はどこですか。

    아사쿠사니 데루 데구찌와 도코데스까

- [ ] 내릴 역을 지나쳤네요.

    乗り過ごしました。

    노리스고시마시따

3. 버스 이용

☐ 가장 가까운 버스 정류장은 어디 있나요?

いちばん近いバス停はどこですか。

이치방 찌까이 바스테—와 도코데스까

☐ 매표소는 어디에 있나요?

きっぷ売り場はどこですか。

깁뿌우리바와 도코데스까

☐ 버스 노선표 있나요?

バスの路線図はありますか。

바스노로센즈와 아리마스까

☐ 버스 시간표는 어디서 얻을 수 있나요?

バスの時刻表はどこでもらえますか。

바스노 지코쿠효—와 도코데 모라에마스까

☐ 몇 번 버스가 도쿄역에 서나요?

何番のバスが東京駅でとまりますか。

난반노바스가 도—쿄—에끼데 토마리마스까

- [ ] 시내로 가는 버스는 어느 건가요?

  市内に行くバスはどれですか。

  시나이니 이쿠바스와 도레데스까

- [ ] 5번 버스를 타세요.

  5番バスに乗ってください。

  고반바스니 놋테쿠다사이

- [ ] 하코네까지 요금은 얼마인가요?

  箱根まで料金はいくらですか。

  하코네마데 료-킨와 이쿠라데스까

- [ ] 성인은 1200엔입니다.

  大人は１２００円です。

  오토나와 센니햐쿠엔데스

- [ ] 어른 두 장하고 아이 두 장 주세요.

  大人二枚と、子供二枚ください。

  오토나 니마이토 코도모 니마이 쿠다사이

☐ 버스 요금은 얼마예요?

バス料金はいくらですか。

바스료-킨와 이쿠라데스까

☐ 220엔입니다.

2百20円です。

니햐쿠니쥬-엔데스

☐ 요코하마행 버스는 언제 출발하나요?

横浜行きのバスは、いつ出発しますか。

요코하마유끼노바스와 이쯔 슙빠쯔시마스까

☐ 다음 버스는 언제 떠나요?

次のバスはいつ出ますか。

쯔기노 바스와 이쯔 데마스까

☐ 몇 분 간격으로 있습니까?

何分おきに、出ますか。

남뿐오끼니 데마스까

□ 이 정류소 이름은 뭔가요?

この停留所の名前は何ですか。

코노 테-류-죠노 니마에와 난데스까

□ 어디서 내려야 하나요?

どこで降りなければなりませんか。

도코데 오리나케레바나리마셍까

□ 다음 정류소에서 내리세요.

次の停留所で降りてください。

쓰기노 테-류-죠데 오리테쿠다사이

□ 어디에서 갈아타야 하나요?

どこで乗り換えなければなりませんか。

도코데 노리까에나케레바 나리마셍까

□ 오사카에 도착하면 좀 알려 주세요.

大阪に到着したら、知らせてください。

오-사까니 토-챠쿠시따라 시라세테쿠다사이

☐ 여기서 내릴게요. / 여기서 내려 주세요.

ここで降ります。ここで降ろしてください。

코코데 오리마스 / 코코데 오로시테쿠다사이

☐ 15번 버스는 얼마만에 오나요?

15番バスはどれくらいで来ますか。

쥬-고반바스와 도레구라이데 끼마스까

☐ 버스로 얼마나 걸리나요?

バスでどれくらいかかりますか。

바스데 도레구라이 까까리마스까

☐ 관광버스를 타고 싶은데요.

観光バスに乗りたいのですが。

칸코-바스니 노리따이노데스가

☐ 고속버스 터미널은 어디인가요?

高速バスタ-ミナルはどこですか。

코-소쿠바스 타-미나루와 도코데스까

- 예약 좀 해 주세요.

    予約してください。

    요야쿠시테 쿠다사이

- 교토 행 버스 표 두 장 주세요.

    京都行きバスのきっぷを二枚ください。

    교-토유끼 바스노 깁뿌오 니마이 쿠다사이

- 편도입니까, 왕복입니까?

    片道ですか、往復ですか。

    까타미찌데스까 오-후쿠데스까

- 왕복이요.

    往復です。

    오-후쿠데스

- 짐은 어디에 둘까요?

    荷物はどこにおきますか。

    니모쯔와 도코니 오끼마스까

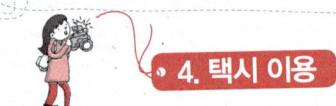

4. 택시 이용

□ 택시 승차장은 어디인가요?

タクシーのりばはどこですか。

타쿠시-노리바와 도코데스까

□ 택시 좀 불러 주세요.

タクシーを呼んでください。

타쿠시-오 욘데쿠다사이

□ 어디까지 가세요?

どこまでいらっしゃいますか。

도코마데 이랏샤이마스까

□ 하라주쿠 역으로 가 주세요.

原宿駅までお願いします。

하라쥬쿠에끼마데 오네가이시마스

□ 이 주소로 가 주세요.

この住所までお願いします。

코노 쥬-쇼마데 오네가이시마스

- [ ] 트렁크에 짐 좀 실어 주시겠어요?

   トランクに荷物を積んでいただけますか。

   토랑쿠니 니모쯔오 쯘데 이따다케마스까

- [ ] 공항까지 요금이 얼마죠?

   空港までの料金はいくらですか。

   쿠-코-마데노 료-킨와 이쿠라데스까

- [ ] 시내 구경 좀 하려고요.

   市内をちょっと見学したいのですが。

   시나이오 춋또 켄가쿠시따이노데스가

- [ ] 빨리 좀 가주세요.

   急いで行ってください。

   이소이데 잇테쿠다사이

- [ ] 여기서 좀 기다려 주세요.

   ここで少々お待ちください。

   코코데 쇼-쇼- 오마찌쿠다사이

□ 다음 모퉁이에서 우회전해 주세요.

次の角で右折してください。

쯔기노 카도데 우세쯔시테쿠다사이

□ 직전해 주세요.

直進してください。

쵸쿠신시테쿠다사이

□ 저 건물 앞에 세워 주세요.

あの建物の前でとめてください。

아노다테모노노 마에데 토메테쿠다사이

□ 여기서 세워 주세요.

ここでとめてください。

코코데 토메테쿠다사이

□ 얼마죠?

いくらですか。

이쿠라데스까

☐ 1350엔입니다.

1千3百50円です。

잇센 산뱌쿠 고쥬–엔데스

☐ 잔돈은 넣어 두세요.

おつりはとっておいてください。

오쯔리와 톳테오이테쿠다사이

☐ 길을 잘못 든 것 같은데요.

道を間違えたようです。

미찌오 마찌가에따요–데스

☐ 시간이 너무 오래 걸리네요.

時間がずいぶんかかりますね。

지깡가 즈이분 까까리마스네

☐ 요금이 너무 많이 나온 것 같아요.

料金が高すぎますよ。

료–킨가 다까스기마스요

5. 렌트카

☐ 차를 빌리고 싶은데요.

車を借りたいのですが。

구루마오 까리따이노데스가

☐ 요금표 좀 보여 주실래요?

料金表を見せてもらえますか。

료-킨효-오 미세테모라에마스까

☐ 킬로미터 당 계산하나요?

キロで計算しますか。

키로데 케-산시마스까

☐ 어떤 종류의 차를 원하시나요?

どのような車種をお望みですか。

도노요-나 샤슈오 오노조미데스까

☐ 오토매틱으로 주세요.

オートマチックにしてください。

오-토마칙꾸니 시테쿠다사이

□ 소형차로 주세요.

小型車にしてください。
코가타샤니 시테쿠다사이

□ 면허증 좀 보여 주실래요?

免許証を見せていただけますか。
멘쿄쇼-오 미세테이따다케마스까

□ 얼마 동안 쓰실 건가요?

何日間、お使いになりますか。
난니찌깡 오쯔가이니 나리마스까

□ 일주일 동안이요.

一週間です。
잇슈-깡데스

□ 보증금은 얼마죠?

保証金はいくらですか。
호쇼-킨와 이쿠라데스까

□ 보험에 드실 건가요?

保険に入りますか。

호켄니 하이리마스까

□ 종합보험을 들고 싶어요.

総合保険に入りたいんですが。

소-고-호켄니 하이리따잉데스가

□ 차를 반납하고 싶어요.

車を返却したいんですが。

구루마오 헨캬쿠시따잉데스가

□ 다른 지점에 차를 반납해도 되나요?

ほかの支店に車を返却してもいいですか。

호까노 시텐니 구루마오 헨캬쿠시테모이이데스까

□ 이 근처에 주유소가 있습니까?

この近くに、ガソリンスタンドはありますか。

코노찌까쿠니 가소린스탄도와 아리마스까

☐ 하이옥탄 가득 넣어주세요.

ハイオク満タンにしてください。
하이오쿠만땅니 시테쿠다사이

☐ 리터 당 얼마인가요?

リットルあたりいくらですか。
릿또루아따리 이쿠라데스까

☐ 보통으로 가득 채워 주세요.

レギュラー満タンにしてください。
레규라- 만땅니 시테쿠다사이

☐ 휘발유 20리터 주세요.

ガソリン20リットルください。
가소린 니쥬-릿또루 쿠다사이

☐ 3000엔어치 주세요.

3千円ぶんください。
산젠엥분 쿠다사이

□ 선불입니까, 후불입니까?

先払ですか、後払いですか。

사끼바라이데스까 아토바라이데스까

□ 지불은 어떻게 하시겠습니까?

お支払はいかがなさいますか。

오시하라이와 이까가나사이마스까

□ 차 좀 점검해 주실래요?

車を点検してもらえますか。

구루마오 텐켕시테모라에마스까

□ 배터리 좀 충전해 주세요.

バッテリーを充電してください。

밧떼리-오 쥬-뎅시테쿠다사이

□ 타이어가 펑크 났어요.

タイヤがパンクしました。

타이야가 팡쿠시마시따

6. 기타 교통편

☐ 신칸센 역은 어디에 있나요?

新幹線の駅はどこにありますか。

신깐센노 에끼와 도코니 아리마스까

☐ 신칸센은 어디서 탈 수 있나요?

新幹線はどこで乗れますか。

신깐센와 도코데 노레마스까

☐ 매표소는 어디인가요?

きっぷ売り場はどこですか。

깁뿌우리바와 도코데스까

☐ 시간표 좀 보여 주세요.

時刻表を見せてください。

지코쿠효-오 미세테쿠다사이

☐ 1등석을 주세요.

一等席をください。

잇토-세끼오 쿠다사이

□ 삿포로 행 열차 있나요?

札幌行きの列車はありますか。

삽뽀로유끼노 렛샤와 아리마스까

□ 표는 어디에서 살 수 있어요?

切符はどこで買えますか。

깁뿌와 도코데 까에마스까

□ 표는 언제부터 살 수 있어요?

切符はいつから買えますか。

깁뿌와 이쯔까라 까에마스까

□ 더 빠른 열차는 있어요?

もっと早い列車はありますか。

못토 하야이렛샤와 아리마스까

□ 편도 표 한 장 주세요.

片道きっぷを一枚ください。

까타미찌깁뿌오 이찌마이 쿠다사이

☐ 표를 보겠습니다.

切符を拝見させていただきます。

깁뿌오 하이켄사세테 이따다끼마스

☐ 이 표 좀 취소할 수 있나요?

このきっぷ、キャンセルできますか。

코노 깁뿌 칸세루데끼마스까

☐ 열차를 놓쳐 버렸어요.

列車に乗り遅れました。

렛샤니 노리오쿠레마시따

☐ 열차에 가방을 놓고 내렸어요.

列車にカバンを置き忘れました。

렛샤니 가방오 오끼와스레마시따

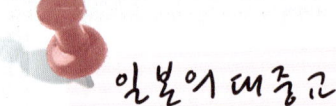
일본의 대중교통

　일본에는 지하철이 매우 발달해 있다. 여러 노선이 복잡하게 얽혀 있어 자칫하면 지하철에서 길을 잃기 십상이다. 도쿄의 주요 지하철노선으로는 야마노테센, 츄오센, 도에센, 소부센, 난보쿠센, 마루노우치센 등이 있고, 오사카는 미도스지센, 다니마치센, 츄오센, 센니마치센, 사카이스지센 등이 있다. 요금은 기본이 130엔~190엔(노선마다 다르다) 사이고 두세 정거장 단위로 구간요금이 추가되기 때문에 굉장히 비싼 편이다. 많이 돌아다닐 거라면 1일패스나 시내패스 등의 정액권을 구입하는 게 저렴할 수 있다.

　지하철이 잘 발달해 있는 만큼 시내버스노선은 많지 않은 편이다. 정액으로 운행되는 버스는 200~220엔 정도이고, 구간별로 요금이 계산되는 버스는, 탈 때 번호표를 받아 내릴 때 번호표의 요금대로 돈을 내면 된다. 잔돈은 미리 바꿔서 타는 게 좋다.

　일본의 택시 요금은 살인적이다. 회사에 따라 조금씩 다른데 기본요금이 710엔이니 현재 환율로 거의 10,000원 정도이다. 그리고 일본의 택시는 모두 자동문이기 때문에 탈 때나 내릴 때 문을 열고 닫을 필요가 없다.

　하토버스는 도쿄시내 관광을 할 수 있는 투어버스이다. 다양한 관광코스를 운영하고 있는데, 요금은 코스에 따라 차이가 있다. 대략 당일코스는 6,000엔에서 10,000엔 정도이다. 안내원이 있어 설명을 들어가며 관광을 할 수 있다.

VI 관광

1. 관광 안내소
2. 유람선 관광
3. 사진 촬영
4. 미술관·박물관
5. 영화·공연
6. 시내 관광
7. 유흥업소

1. 관광 안내소

☐ 관광안내소는 어디에 있어요?

観光案内所はどこですか。

칸코-안나이쇼와 도코데스까

☐ 관광안내 팸플릿이 있나요?

観光案内パンフレットはありますか。

칸코-안나이팜후렛또와 아리마스까

☐ 관광 지도를 주세요.

観光地図をください。

칸코-치즈오 쿠다사이

☐ 이곳은 어떻게 가면 좋을지 가르쳐주시겠어요?

ここはどうやっていけばいいか教えてもらえますか。

코코와 도-얏테 이케바 이이까 오시에테모라에마스까

☐ 하트버스를 타보고 싶은데, 표를 어디에서 살 수 있나요?

ハトバスに乗ってみたいんですが、どこで切符を買えますか。

하토바스니 놋테미따잉데스가 도코데깁뿌오 까에마스까

- 일본에 있는 동안 꼭 가야 할 곳은 어디입니까?

    日本にいる間 行かなきゃいけないところはどこですか。

    니혼니이루아이다 이까나캬이케나이도코로와 도코데스까

- 여기서 볼 만한 곳을 가르쳐 주세요?

    ここの見どころを教えてください。

    코코노 미도코로오 오시에테쿠다사이

- 거기까지 가는 방법을 가르쳐 주세요.

    そこまでの行き方を教えてください。

    소코마데노 이끼가타오 오시에테쿠다사이

- 무료 시내 지도 좀 구할 수 있나요?

    無料の市内地図をもらえますか。

    무료-노 시나이치즈오 모라에마스까

- 무료 현지정보지가 있어요?

    無料の現地情報紙がありますか。

    무료-노 겐치죠-호-시가 아리마스까

□ 추천코스를 소개해주시겠어요?

おすすめのコースを紹介してもらえますか。
오스스메노 코-스오 쇼-까이시테모라에마스까

□ 기념품 가게는 어디 있나요?

おみやげ屋はどこにありますか。
오미야게야와 도코니 아리마스까

□ 약도 좀 그려 주실래요?

略図を描いてもらえますか。
랴쿠즈오 까이테모라에마스까

□ 거기에 걸어서 갈 수 있나요?

そこまで歩いていけますか。
소코마데 아루이테이케마스까

□ 관광 여행에 참가하고 싶은데요.

観光旅行に参加したいんですが。
칸코-료코-니 산까시따잉데스가

□ 시내 호텔 예약도 해줍니까?

市内ホテルの予約もしてもらえるんですか。

시나이호테루노 요야쿠모 시테모라에마스까

□ 수수료는 무료인가요?

手数料は無料ですか。

테스-료-와 무료-데스까

□ 지불 확인증을 호텔에 지참해주세요.

支払いバウチャーをホテルに持参してください。

시하라이바우 챠-오 호테루니 지산시테쿠다사이

□ 이 근처에 별 5개인 레스토랑이 있어요?

この近くに５星レストランはありますか。

코노찌까쿠니 이쯔쯔바시레스토랑와 아리마스까

□ 힐튼호텔까지 어떻게 가면 좋을까요?

ヒルトンホテルまでどうやって行けばいいんですか。

히루톤호테루마데 도-얏테이케바 이잉데스까

2. 유람선 관광

□ 표는 어디서 파나요?

切符売り場はどこですか。

깁뿌우리바와 도코데스까

□ 선셋크루즈를 타보고 싶은데요.

サンセットクルーズに乗ってみたいんですが。

산셋토쿠루-즈니 놋테미따잉데스가

□ 배로 오다이바에 가고 싶은데 타는 곳이 어디입니까?

船でお台場まで行きたいですガ、乗り場はどこですか。

후네데 오다이바마데 이끼따이데스가 노리바와 도코데스까

□ 산타마리아 타는 곳은 어디입니까?

サンタマリアの乗り場はどこですか。

산타마리아노 노리바와 도코데스까

□ 학생인데 할인됩니까?

学生ですけど割引できますか。

각세-데스케도 와리비끼데끼마스까

□ 어른 둘과 아이 하나 주세요.

大人二つと子供一つをお願いします。

오토나 후타쯔토 코도모 히토쯔오 오네가이시마스

□ 유람선의 출발시간은 언제입니까?

遊覧船の出発時間はいつですか。

유−란센노 슙빠쯔지깡와 이쯔데스까

□ 몇 분마다 있습니까?

何分ごとに出ますか。

남뿐고토니 데마스까

□ 언제까지 승선해야 합니까?

いつまでに乗船しなければなりませんか。

이쯔마데니 죠−센시나케레바 나리마센까

□ 승선수속은 다음 시간부터 시작됩니다.

乗船手続きは次の時間より始ります。

죠−센테쯔즈키와 쯔기노지깡요리 하지마리마스

☐ 출항 1시간 전까지는 반드시 수속을 끝마쳐주세요.

出航の一時間前までには必ず手続きをお済せください。

슛코-노 이찌지깡마에마데니와 까나라즈 데쯔즈키오 오스마세쿠다사이

☐ 유람선이 나오고 있습니다.

遊覧船が出てきています。

유-란센가 데테끼테이마스

☐ 운행시간은 얼마나 됩니까?

運行時間はどのくらいですか。

운코-지깡와 도노구라이데스까

☐ 여행가방 한 개당 100엔씩 팁을 부탁드리겠습니다.

スーツケースひとつにつき100円のチップをお願いします。

스-쯔케-스 히토쯔니쯔키 햐쿠엔노 칩뿌오 오네가이시마스

☐ 배 위에서 보는 도시 풍경이란 왠지 다릅니다.

船上から見る都会の風景はなんだか別物です。

센죠-까라 미루토카이노후-케-와 난다까 베쯔모노데스

3. 사진 촬영

☐ 실례합니다.

失礼します。

시쯔레-시마스

☐ 사진 좀 찍어주세요.

ちょっと写真とってください。

좃또 샤신 톳테쿠다사이

☐ 여기서 사진 찍어도 되나요?

ここで写真を撮ってもいいですか。

코코데 샤싱오 톳테모이이데스까

☐ 저 건물을 배경으로 찍어주세요.

あの建物を背景にいれてとってください。

아노 다테모노오 하이케-니 이레테 톳테쿠다사이

☐ 이곳은 촬영금지입니다.

ここは撮影禁止です。

코코와 사쯔에-킨시데스

187

□ 당신 사진 좀 찍어도 될까요?

あなたの写真を撮ってもいいですか。

아나따노 샤싱오 톳테모이이데스까

□ 사진 좀 찍어 주실래요?

写真を撮ってくれませんか。

샤싱오 톳테쿠레마센까

□ 그냥 이 버튼만 누르면 됩니다.

ただこのボタンを押すだけでいいです。

따다 코노보탕오 오스다케데 이이데스

□ 그럼 찍으세요.

では、撮ってください。

데와 톳테쿠다사이

□ 그럼 찍습니다.

では、撮りますよ。

데와 토리마스요

- 한 장 더 부탁할게요.

  もう一枚お願いします。

  모-이찌마이 오네가이시마스

- 사진 찍어 드릴까요?

  写真を撮ってあげましょうか。

  샤싱오 톳테아게마쇼-까

- 저랑 같이 찍으시죠.

  私といっしょに撮りましょう。

  와따시토 잇쇼니 토리마쇼-

- 같이 찍어도 될까요?

  一緒に撮ってもよろしいですか。

  잇쇼니 톳테모 요로시이데스까

- 나중에 사진을 보내드리겠습니다.

  あとで写真をお送りします。

  아토데 샤싱오 오오쿠리시마스

- 상반신만 찍어 주세요.

    上半身だけ撮ってください。

    죠-한신다케 톳테쿠다사이

- 디카용 건전지는 어디서 살 수 있나요?

    デジカメ用の乾電池はどこで買えますか。

    데지카메요-노 칸덴치와 도코데 까에마스까

- 어디서 필름을 살 수 있나요?

    どこでフィルムを買えますか。

    도코데 휘루무오 까에마스까

- 이 필름을 현상하고 싶은데요.

    このフィルムを現像したいんですが。

    코노 휘루무오 겐조-시따잉데스가

- 이 카메라가 고장났어요.

    このカメラが故障しました。

    코노카메라가 코쇼-시마시따

4. 미술관・박물관

☐ 박물관은 몇 시부터 여나요?

博物館は何時から開きますか。
はくぶつかん　なんじ　　　あ

하쿠부쯔깡와 난지까라 아케마스까

☐ 미술관은 여기서 가깝습니까?

美術館はここから近いですか。
びじゅつかん　　　　　　　ちか

비쥬쯔깡와 코코까라 찌까이데스까

☐ 입장권은 어디에서 살 수 있나요?

入場券はどこで買えますか。
にゅうじょうけん　　　　　か

뉴-죠-켕와 도코데까에마스까

☐ 입장료는 얼마인가요?

入場料はいくらですか。
にゅうじょうりょう

뉴-죠-료-와 이쿠라데스까

☐ 단체 할인 되나요?

団体割引になりますか。
だんたいわりびき

단따이와리비끼니 나리마스까

□ 학생 할인 되나요?

学生割引になりますか。

각세-와리비끼니 나리마스까

□ 이 줄이 표 사는 줄인가요?

この列がきっぷを買う列ですか。

코노레쯔가 깁뿌오 까우레쯔데스까

□ 입구는 어디인가요?

入口はどこですか。

이리구찌와 도코데스까

□ 기념품 판매소는 있습니까?

記念品の売り場はありますか。

끼냉힝노 우리바와 아리마스까

□ 출구는 어디인가요?

出口はどこですか。

데구찌와 도코데스까

☐ 화장실은 어디에 있습니까?

トイレはどこにありますか。
토이레와 도코니 아리마스까

☐ 팸플릿 있나요?

パンフレットありますか。
판후렛또 아리마스까

☐ 여기 엽서 있나요?

ここにハガキはありますか。
코코니 하가끼와 아리마스까

☐ 문은 몇 시에 닫나요?

何時に閉まりますか。
난지니 시마리마스까

5. 영화 · 공연

□ 영화관은 어디인가요?

映画館はどこですか。

에-가깡와 도코데스까

□ 이 영화 재미있습니까?

この映画おもしろいですか。

코노에-가 오모시로이데스까

□ 지금 어떤 영화를 상영하나요?

今、どんな映画を上映していますか。

이마 돈나 에-가오 죠-에-시테이마스까

□ 오늘밤 공연은 몇 시부터 시작합니까?

今晩の公演は何時に始まりますか。

콘방노코-엔와 난지니 하지마리마스까

□ 오늘 밤 공연이 뭐죠?

今夜の公演は何ですか。

콘야노 코-엔와 난데스까

□ 예매는 어디에서 하나요?

前売りはどこでしますか。

마에우리와 도코데 시마스까

□ 공연은 언제 시작하나요?

公演はいつ始まりますか。

코-엔와 이쯔 하지마리마스까

□ 누가 나오나요?

誰が出演しますか。

다레가 슈쯔엔시마스까

□ 몇 시에 끝납니까?

何時に終わりますか。

난지니 오와리마스까

□ 오늘 표 있습니까?

今日のチケットありますか。

교-노치켓또 아리마스까

□ 죄송하지만, 매진입니다.

申し訳ございませんが、売り切れです。
모-시와케고자이마셍가 우리끼레데스

□ 예매권이 필요합니까?

前売り券が必要ですか。
마에우리켕가 히쯔요-데스까

□ 표는 어디서 살 수 있습니까?

チケットはどこで買えますか。
치켓또와 도코데 까에마스까

□ 어떤 자리로 하시겠습니까?

どんな席になさいますか。
돈나세끼니 나사이마스까

□ 앞쪽 자리로 주세요.

前の方の席をください。
마에노호-노세끼오 쿠다사이

□ 한가운데 자리로 부탁합니다.

真ん中の席をお願いします。

만나까노 세끼오 오네가이시마스

□ 휴식시간이 있습니까?

休憩の時間はありますか。

큐―케―노지깡와 아리마스까

□ 가부키가 보고싶습니다.

歌舞伎が見たいんです。

가부끼가 미따잉데스

□ 가부키는 어디에서 볼 수 있습니까?

歌舞伎はどこで見られますか。

가부끼와 도코데 미라레마스까

□ 긴자의 가부키좌에 가면 볼 수 있습니다.

銀座の歌舞伎座に行くと見られます。

긴자노 가부끼자니 이쿠토 미라레마스

□ 입장료는 얼마인가요?

入場料はいくらですか。
뉴-죠-료-와 이쿠라데스까

□ 7월 20일 공연표 두 장 주세요.

7月20日の公演チケットを二枚ください。
시찌가쯔하쯔까노 코-엔 치켓또오 니마이쿠다사이

□ 자리 남은 것 있나요?

席が余っていますか。
세끼가 아맛테이마스까

□ 좌석 안내자 있나요?

座席の案内者はいますか。
자세끼노 안나이샤와 이마스까

□ 여기 사람 있나요?

ここに誰かいますか。
코코니 다레까 이마스까

6. 시내 관광

☐ 도쿄시내 관광을 하고 싶은데요.

東京市内の観光をしたいんですが。

도-쿄-시나이노칸코-오 시따잉데스가

☐ 이 도시의 안내서 있습니까?

この町のガイドブックありますか。

코노마찌노 가이도북꾸 아리마스까

☐ 시내관광 버스가 있습니까?

市内観光バスがありますか。

시나이칸코-바스가 아리마스까

☐ 어떤 코스가 있습니까?

どんなコースがありますか。

돈나코-스가 아리마스까

☐ 한국 가이드가 붙는 관광도 있습니다.

韓国のガイドがつく観光もありますか。

칸코쿠노 가이도가쯔쿠 칸코-모 아리마스까

☐ 이 관광은 어느 정도 걸립니까?

この観光はどのくらいかかりますか。

코노 칸코-와 도노구라이 까까리마스까

☐ 도쿄디즈니랜드는 어떻게 가면 됩니까?

東京ディズニーランドはどうやっていけばいいですか。

도-쿄-디즈니-란도와 도-얏테 이케바 이이데스까

☐ 오사카성에 가고 싶은데요.

大阪城に行きたいですが。

오-사까죠-니 이끼따이데스가

☐ 시부야는 어느 방향입니까?

渋谷はどの方面ですか。

시부야와 도노호-멘데스까

☐ 메이지신궁은 몇 시까지 열려 있습니까?

明治神宮は何時まで開いていますか。

메-지진구-와 난지마데 아이테이마스까

□ 거기까지 가는 전차가 있습니까?

あそこまで行く電車がありますか。

아소코마데 이쿠 덴샤가 아리마스까

□ 이 공원에 대해 설명해 주시겠습니까?

この公園について説明していただけますか。

코노코-엔니쯔이테 세쯔메-시테이따다케마스까

□ 휴관일은 언제입니까?

休憩日は何曜日ですか。

큐-케-비와 난요-비데스까

□ 이 절은 언제 지어졌습니까?

この寺はいつ作られましたか。

코노테라와 이쯔 쯔쿠라레마시따까

□ 저 건물은 무엇입니까?

あの建物は何ですか。

아노다테모노와 난데스까

7. 유흥업소

□ 이 근처에 술집 있나요?

この近所に居酒屋はありますか。

코노 킨죠니 이자까야와 아리마스까

□ 무엇을 마시겠습니까?

何をお飲みになりますか。

나니오 오노미니나리마스까

□ 뭘 드시겠습니까?

何をお召し上がりになりますか。

나니오 오메시아가리니 나리마스까

□ 위스키 더블 부탁합니다.

ウイスキーダブルをお願いします。

우이스카-다부루오 오네가이시마스

□ 스카치에 얼음을 넣어 주세요.

スコッチに氷を入れてください。

스콧치니 코-리오 이레테쿠다사이

□ 안주는 뭐가 있나요?

おつまみは何がありますか。

오쯔마미와 나니가 아리마스까

□ 한 잔 더 주세요.

もう一杯ください。

모-입빠이 쿠다사이

□ 이 가게는 몇 시까지입니까?

この店は何時までですか。

코노미세와 난지마데데스까

□ 아침 2시까지입니다.

朝の２時までです。

아사노니지마데데스

□ 디스코장에 가고 싶은데요.

ディスコに行きたいのですが。

디스코니 이키따이노데스가

□ 이 근처에 나이트클럽 있나요?

この近所にナイトクラブありますか。

코노킨죠니 나이토쿠라부 아리마스까

□ 인기있는 나이트클럽이 어디입니까?

人気のあるナイトクラブはどこすか。

닌끼노아루 나이토쿠라부와 도코스까

□ 음료수 값은 별도인가요?

飲み物は別料金ですか。

노미모노와 베쯔료-킨데스까

□ 호텔 근처에 카지노 있나요?

ホテルの近くにカジノはありますか。

호테루노 찌까쿠니 카지노와 아리마스까

□ 사쿠라카지노는 호텔에서 걸어갈 수 있습니다.

サクラカジノはホテルから歩いていけます。

사쿠라카지노와 호테루까라 아루이테이케마스

□ 초보자가 할 만한 것 좀 있나요?

素人でもできるものがありますか。
시로-토데모 데끼루모노가 아리마스까

□ 룰렛은 어디서 하나요?

ルーレットはどこでできますか。
루-렛또와 도코데 데끼마스까

□ 칩은 어디서 사나요?

チップはどこで買うのですか。
칩뿌와 도코데 까우노데스까

□ 칩 5천엔어치 주세요.

チップを5千円ぶんください。
칩뿌오 고셍엥분 쿠다사이

□ 계속 갈게요. / 그만 할게요.

続けます。／ やめます。
쯔즈케마스 / 야메마스

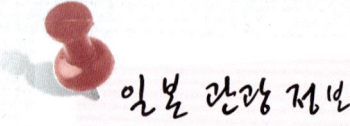
일본 관광 정보

1. 테마파크

도쿄 디즈니랜드 : 미국의 월트디즈니와 제휴해 지바현에 건설한 놀이 시설이다. 월드바자, 어드벤처랜드, 웨스턴랜드, 판타지랜드, 투머로랜드, 툰랜드, 크리터컨츄리 등의 7개의 테마로 구성되어 있다. 입장료는 성인 5,800엔이다.

* 월드바자(WORLD BAZAAR)

정문으로 들어가면 바로 보이는 곳으로 20세기 초 미국의 거리를 재현한 쇼핑 지역이다. 여기에서는 디즈니랜드의 여러 가지 캐릭터 상품들과 우표 등을 판매하고 있다.

* 어드벤처랜드(ADVENTURE LAND)

어드벤처랜드는 5개의 어트랙션이 있다. 보트를 타고 '카리브의 해적'을 출발하여, 미시시피강의 급류를 따라 내려가 '죽음으로 들어가는 강'에 이르면 이곳에서부터 모험이 시작된다.

* 웨스턴랜드(WESTERN LAND)

서부 개척시대의 미국을 재현한 곳으로 컨트리 음악이 흘러나오며, 카우보이도 볼 수 있다. 스릴 만점의 다양한 코스가 준비되어 있다.

* 판타지랜드(FANTASY LAND)

가장 디즈니랜드다운 곳이다. 이곳은 신데렐라 성이 중심을 이루고 있고, 재미있는 쇼와 놀이도 있다.

* 투머로랜드(TOMORROW LAND)
 세계와 모험을 엮은 코너이다.

* 크리터 컨트리(CRITTER COUNTRY)
 스플래시 마운틴을 비롯해 비바 브라더스의 카누 탐험 등 스릴 넘치는 코스가 마련되어 있다.

* 툰타운 (TOONTOWM)
 미키와 미니를 비롯한 디즈니 캐릭터들이 모여 사는 거리이다.

유니버설스튜디오 재팬 : 여러 유니버설스튜디오 놀이공원의 하나로 오사카의 항만지역에 위치해 있다. 유니버설스튜디오의 영화를 테마로 ET관, 헐크관 등으로 구성되어 있고, 크게 라이드 어트랙션, 쇼 어트랙션, 플레이존의 세 종류로 나눌 수 있다. 라이드 어트랙션은 놀이기구와 같은 탈것을 제공하고, 쇼 어트랙션은 3D나 4D 영화나 쇼와 같은 볼거리를 제공하고, 플레이존은 관람객들이 직접 참여활동을 할 수 있는 곳이다. 입장료는 성인 기준 5,800엔이다.
라이드 어트랙션에는 스파이더맨, 백투더퓨처, 쥬라기공원 등이 있고, 쇼 어트랙션에는 슈렉, 워터월드, 피터팬 등이 있다. 플레이존에는 스누피 사운드 어드벤처와 스누피 플레이랜드가 있다.

2. 휴양시설

하코네 : 도쿄 근교에 위치한 국립공원이다. 사화산으로 아직도 산 곳곳에서 화산온천이 솟아 나오고 있어 온천에서 계란을 삶아 팔기도 한다. 정상에는 아시호수라는 화산호수가 있는데 그곳에서 유람선을 탈 수 있

다. 하코네에 가기 위해서는 무려 네 가지의 교통편을 이용해야 한다. 먼저 지하철을 이용한 뒤 산악열차로 갈아탄다. 중턱쯤 올라오면 다시 케이블카(우리나라의 케이블카와는 조금 다르다. 열차에 케이블을 연결해 움직이는 형태이다.)를 타고 정상 가까이까지 올라가서 마지막으로 로프웨이(이것이 우리의 케이블카에 더 가깝다)라는 것을 이용해 아시호수까지 이동한다. 그렇기 때문에 도쿄시내에서 하코네까지 가는 데만 무려 시간이나 걸린다. 하코네를 가고자 한다면 그곳에서 1박을 하도록 일정을 잡는 게 좋을 듯하다. 하코네에 갈 때는 하코네 프리패스를 구매해 이용하는 게 좋다. 5,000엔에 유효기간은 이틀이고 위에서 말한 네 가지 교통수단은 물론 아시호수의 유람선까지 이용할 수 있다.

오다이바 : 오다이바는 도쿄의 해안지역인 미나토구(미나토는 '항구'라는 뜻)에 위치한 해안공원으로 젊은 연인들이 많이 찾는 곳이다. 주변에 대규모 쇼핑타운이 있어 쇼핑을 하기에도 좋고, 유람선이 운행되고 있어 관광을 하기에도 좋은 곳이다. 특히 아사쿠사에서 오다이바까지 운행되는 수상버스가 있어 오전에 아사쿠사를 둘러본 후 바로 수상버스를 이용해 오다이바까지 이동해도 좋다. 해안을 따라 쾌적한 공원이 조성되어 있어 연인끼리 오붓하게 산책을 하기에도 안성맞춤이고, 여름에는 해수욕장으로도 이용할 수 있다. 그 외에도 자유의 여신상, 레인보브릿지 등 볼거리들이 많다. 지하철을 이용하는 경우 신바시나 시오도메에서 유리카모메라는 무인 전차를 이용해야 한다.

오사카 항만지역 : 오사카 항만 지역은 유니버설 스튜디오 재팬이 있는 곳으로 주변에 카이유칸이라는 세계 최대의 수족관과 산토리뮤지엄이 있다. 그리고 대포잔 대관람차와 산타마리아라는 유람선을 이용할 수 있

을 뿐 아니라 데포잔 마켓플레이스에서 쇼핑도 즐길 수 있다. 산토리 뮤지엄 내에는 아이맥스 영화관과 스카이라운지, 뮤지엄숍 등의 다양한 시설이 갖춰져 있다. 아이맥스 영화관은 뮤지엄 입장료 외에 별도의 입장료를 내야 한다. 산타마리아호는 데포잔 하버빌리지를 출발해 약 50분 동안 오사카의 바다를 관광하는 유람선이다.

3. 유적지

메이지진구 : 젊음의 거리인 하라주쿠 역에서 가깝다. 걸어서 2~3분이면 갈 수 있는 거리다. 1920년 메이지 천황과 쇼켄 태자를 제사지내기 위해 건립된 일본 최대의 신사로 지금도 많은 사람들이 새해나 하나바타(はなばた・칠월칠석) 등 특별한 날이면 이곳을 찾아 참배를 드린다. 바로 인근에 하라주쿠와 요요기공원이 있고, 신주쿠와 시부야와도 가까워 신궁 탐방 후 쇼핑을 즐기기에도 편하다.

아사쿠사 : 센소지(浅草寺)라는 절을 중심으로 형성된 번화가로 이 절과 절의 입구인 가미나리몬(雷門)이 널리 알려져 있다. 이 가미나리몬에서부터 절의 앞까지 나카미세라는 전통상점가가 쭉 늘어서 있어 일본스러운 기념품과 음식들을 팔고 있다. 인근의 선착장에서 수상버스가 운행되고 있는데 강을 따라 해안인 오다이바까지 운행된다. 가격이 1,520엔으로 비싼 편이다.

오사카성 : 오사카 성은 1583년에 도요토미 히데요시가 건축한 성으로 그의 사위였던 도쿠가와 이에야스가 이곳에서 정무를 보기도 했다. 몇 번의 증축과 개축을 거쳐 지금의 형태에 이르렀는데, 천수각에 시대별

오사카성의 모습을 미니어처로 만들어 전시해 놓았다. 이 천수각에는 오사카성뿐 아니라 에도시대 일본의 역사와 문화를 한눈에 볼 수 있는 전시물들이 전시되어 있다. 오사카성은 무료입장이지만 천수각에 들어갈 때는 입장료를 내야 한다. 다니마치욘쵸메 역에서 내려 걸어서 5분 정도의 거리에 있다.

교토 전역 : 도쿄 이전에 1,000여 년간 일본의 수도 역할을 한 도시이다. 우리나라의 경주에 비견될 만한 도시로 도시 전역에 고사찰과 신사들이 즐비하다. 절로는 기요미즈데라(淸水寺), 킨카쿠지(金閣寺), 긴카쿠지(銀閣寺) 등이 유명하고, 기온, 아라시야마 등이 가볼 만하다. 기온은 옛날 기루가 모여 있던 지역으로 지금도 유흥업이 성황을 이루는 지역이다. 매년 4월에 미야코오도리라는 게이샤 경연대회가 열리고, 일본의 3대 축제로 알려진 기온마쯔리가 7월 한 달 내내 열린다. 아라시야마는 시원한 대나무숲으로 유명하고 텐류지(天龍時)라는 절이 자리잡고 있는 곳이다. 교토는 오사카에서 50Km밖에 떨어져 있지 않아 오사카에서 지하철로 이동할 수 있다. 교토까지 특급열차를 운행하고 있기 때문에 1시간 정도밖에 걸리지 않는다. 교토를 둘러볼 때는 버스 1일패스(500엔)를 구입해 다니는 것이 저렴하다.

쇼핑 VII

1. 기본 표현
2. 면세점
3. 의류・신발
4. 귀금속・액세서리
5. 화장품
6. 전자제품
7. 편의점
8. 가격 흥정
9. 교환・환불

1. 기본 표현

☐ 쇼핑센터는 어디에 있어요?

ショッピングセンターはどこにありますか。
숍핑쿠센타-와 도코니아리마스까

☐ 이 근처에 백화점 있나요?

この近所(きんじょ)にデパートありますか。
코노킨죠니 데파또 아리마스까

☐ 이 근처에 편의점 있나요?

この辺(あた)りにコンビニありますか。
코노아따리니 콤비니 아리마스까

☐ 가장 가까운 슈퍼는 어디인가요?

一番近(いちばんちか)いスーパーはどこですか。
이찌방 찌까이스-파-와 도코데스까

☐ 신사복 매장은 어디예요?

紳士服売(しんしふくう)り場(ば)はどこですか。
신시후쿠우리바와 도코데스까

□ 여성복 매장은 몇 층인가요?

女性服売場は何階ですか。

죠세-후쿠우리바와 난까이데스까

□ 구둣가게를 찾고 있는데, 어디에 있어요?

靴屋を探しているんですが、どこにありますか。

구쯔야오 사가시테이룽데스가 도코니아리마스까

□ 장난감 매장 좀 알려 주세요.

おもちゃ売場をおしえてください。

오모챠우리바오 오시에테쿠다사이

□ 기념품은 어디서 살 수 있나요?

おみやげはどこで買えますか。

오미야게와 도코데 까에마스까

□ 컴퓨터는 어디로 가면 살 수 있어요?

コンピューターは、どこに行けば買えますか。

콤퓨-타-와 도코니이케바 까에마스까

□ 여기에서 멀어요?

ここから遠いですか。

코코까라 토-이데스까

□ 벼룩 시장은 어디에 있나요?

のみの市はどこにありますか。

노미노이찌와 도코니 아리마스까

□ 세일하나요?

セールをやっていますか。

세-루오 얏테이마스까

□ 무엇을 도와 드릴까요?

いらっしゃいませ。

이랏샤이마세

□ 그냥 구경하는 중이에요.

ただ見てるだけです。

따다 미테루다케데스

□ 더 싼 것 없나요?

もっと安(やす)いものはありませんか。

못또 야스이모노와 아리마셍까

□ 이거 얼마예요?

これ、いくらですか。

코레 이쿠라데스까

□ 너무 비싸네요.

ずいぶん高(たか)いですね。

즈이분 다까이데스네

□ 저것 좀 보여 주세요.

あれを見(み)せてください。

아레오 미세테쿠다사이

□ 입어봐도 되나요?

試着(しちゃく)してもいいですか。

시챠쿠시테모 이이데스까

- [ ] 이건 어디에 쓰는 거예요?

    これは何に使うのですか。

    코레와 나니니 쯔까우노데스까

- [ ] 이것을 한국에 보낼 수 있나요?

    これを韓国に送ることができますか。

    코레오 칸코쿠니 오쿠루코토가 데끼마스까

- [ ] 배송료는 얼마인가요?

    配送料はいくらですか。

    하이소-료-와 이쿠라데스까

- [ ] 영업시간은 몇 시부터 몇 시까지예요?

    営業時間は何時から何時までですか。

    에-교지깡와 난지까라 난지마데데스까

- [ ] 몇 시까지 해요?

    何時まで開いていますか。

    난지마데 아이테이마스까

2. 면세점

□ 면세점은 어디에 있나요?

免税店はどこにありますか。

멘제-텡와 도코니 아리마스까

□ 뭐 찾으세요?

何かお探しですか。

나니까 오사가시데스까

□ 그냥 구경하는 거예요.

見てるだけです。

미테루다케데스

□ 뭔가 선물로 적당한 것은 없나요?

何かお土産に適当な物はありませんか。

나니까 오미야게니 테끼토-나모노와 아리마셍까

□ 선물로 줄 것을 사고 싶은데요.

プレゼントにあげるものを買いたいんですが。

푸레젠또니 아게루모노오 까이따잉데스가

- [ ] 저걸 보여주세요.

    あれを見せてください。

    아레오 미세테쿠다사이

- [ ] 여권 좀 보여 주실래요?

    パスポートを見せていただけますか。

    파스포-토오 미세테이따다케마스까

- [ ] 항공권 좀 보여 주세요.

    航空券を見せてください。

    코-쿠-켕오 미세테쿠다사이

- [ ] 위스키를 사려고요.

    ウイスキーを買いたいのですが。

    우이스카-오 까이따이노데스가

- [ ] 술은 몇 병까지 살 수 있나요?

    お酒は何本まで買えますか。

    오사케와 난봉마데 까에마스까

□ 얼마까지 면세가 되나요?

いくらまで免税になりますか。

이쿠라마데 멘제-니 나리마스까

□ 이 지방의 특산품은 어떤 게 있나요?

この地方の特産品はどんなものがありますか。

코노 치호-노 토쿠산힝와 돈나모노가 아리마스까

□ 넥타이는 어디에 있나요?

ネクタイはどこにありますか。

네꾸타이와 도코니 아리마스까

□ 지갑을 사고 싶어요.

財布を買いたいんですが。

사이후오 까이따잉데스가

□ 다른 물건 좀 보여 주실래요?

ほかの物を見せていただけますか。

호까노모노오 미세테이따다케마스까

3. 의류 · 신발

☐ 이 스커트, 미니도 있어요?

このスカート、ミニもありますか。

코노 스카-토 미니모 아리마스까

☐ 사이즈를 재주시겠어요?

サイズを測っていただけますか。

사이즈오 하갓테이따다케마스까

☐ 더 큰 것은 있어요?

もっと大きいのはありますか。

못토 오-키-노와 아리마스까

☐ 더 작은 것은 없나요?

もっと小さいのはありませんか。

못토 치-사이노와 아리마센까

☐ 조금 더 보고 나서 정할게요.

もうすこし見てから決めます。

모-스코시 미테까라 끼메마스

- [ ] 지갑 상태 좀 보고 나서 정할게요.

  財布と相談してから決めます。

  사이후토 소–단시테까라 끼메마스

- [ ] 뭔가 필요한 것이 있으시면 알려주세요.

  何かご用がありましたら、お知らせください。

  나니까 고요–가 아리마시따라 오시라세쿠다사이

- [ ] 입어 봐도 되요?

  試着してもいいですか。

  시챠꾸시테모 이이데스까

- [ ] 여기 잠깐 봐주시겠어요?

  ちょっとよろしいですか。

  좃또 요로시이데스까

- [ ] 탈의실은 어디예요?

  試着室つはどこですか。

  시챠쿠시쯔와 도코데스까

□ 다른 것도 좀 볼게요.

ちょっと他のものも見てみます。

춋또 호까노모노모 미테미마스

□ 요즘은 어떤 게 잘 팔려요?

最近はどんな物がよく売れていますか。

사이낀와 돈나모노가 요쿠 우레테이마스까

□ 지금 가장 유행하는 것은 뭔가요?

今、もっとも流行ってるものは何ですか。

이마 못토모 하얏테루모노와 난데스까

□ 마네킹이 입고 있는 거, 다 주세요.

マネキンが着てるもの、全部ください。

마네킹가 끼테루모노 젬부쿠다사이

□ 하나 더 큰 치수 있어요?

もうひとつ大きいサイズはありますか。

모-히토쯔 오키-사이즈와 아리마스까

□ 더 수수한 거 없나요?

もっと地味なのはありませんか。
못토 지미나노와 아리마센까

□ 더 화려한 거 있어요?

もっと派手なのはありますか。
못토 하데나노와 아리마스까

□ 질은 괜찮아요?

質はいいですか。
시쯔와 이이데스까

□ 다른 디자인 좀 있나요?

ほかのデザインはありますか。
호까노 데자인와 아리마스까

□ 같은 걸로 파란색은 없나요?

同じもので青はありませんか。
오나지모노데 아오와 아리마센까

□ 여기에 있는 것이 전부예요?

ここにあるもので、全部ですか。

코코니아루모노데 젬부데스까

□ 좀더 밝은 색은 없나요?

もうちょっと明るい色はありませんか。

모-춋또 아까루이이로와 아리마센까

□ 허리는 딱 맞는데, 엉덩이는 조금 끼어요.

ウエストはぴったりですが、ヒップが少しきついです。

우에스토와 삣따리데스가 힙뿌가 스코시끼쯔이데스

□ 세탁기로 빨아도 되나요?

洗濯機で洗えますか。

센타쿠끼데 아라에마스까

□ 줄어들지 않나요?

縮みませんか。

치지미마센까

□ 이 치마 사이즈가 몇이죠?

このスカートのサイズはいくつですか。
코노 스카-토노 사이즈와 이쿠쯔데스까

□ 저한테 좀 작네요.

私にはちょっと小さいですね。
와따시니와 춋또 치-사이데스네

□ 너무 헐렁한데요.

かなりゆるいです。
까나리 유루이데스

□ 너무 길어요(짧아요).

かなり長い[短い]です。
까나리 나가이[미지까이]데스

□ 제 사이즈를 모르는데요.

私のサイズがわかりません。
와따시노 사이즈가 와까리마센

4. 귀금속·액세서리

□ 애인에게 선물할 목걸이를 찾는데요.

恋人に贈るネックレスをさがしていますが。

코이비토니 오쿠루 넥꾸레스오 사가시테이마스가

□ 이 귀걸이 좀 보여주세요.

このイヤリングを見せていただけますか。

코노 이야링구오 미세테이따다케마스까

□ 다이아몬드가 박혀 있는 반지를 보여주실 수 있으세요?

ダイヤがあしらってある指輪を見せてもらえますか。

다이야가 아시랏테아루 유비와오 미세테모라에마스까

□ 이거 껴 봐도 되나요?

これをつけてみてもいいですか。

코레오 쯔케테미테모 이이데스까

□ 백금목걸이 보여주시겠습니까?

プラチナネックレス、見せてもらえますか。

푸라치나넥꾸레스 미세테모라에마스까

□ 이 목걸이를 보여 주세요.

このネックレスを見せてください。

코노 넥꾸레스오 미세테쿠다사이

□ 이 귀걸이에 어울리는 목걸이 있나요?

このイヤリングに似合うネックレスありますか。

코노 이야링구니 니아우 넥꾸레스 아리마스까

□ 어떤 디자인이 유행하고 있어요?

どんなデザインが流行していますか。

돈나 데자인가 류―코―시테이마스까

□ 순금 팔찌를 보고 싶은데요.

純金のブレスレットが見たいんですけど。

쥬낀노 부레스렛또가 미따잉데스케도

□ 반지는 여기 있는 디자인이 전부인가요?

指輪はここにあるデザインが全部ですか。

유비와와 코코니아루 데자인가 젬부데스까

□ 다른 디자인 있어요?

他のデザインはありますか。

호까노 데자인와 아리마스까

□ 이 디자인은 좋아하지 않아요.

このデザインは好きじゃありません。

코노 데자인와 스키쟈아리마센

□ 이거 순금인가요?

これは純金ですか。

코레와 쥰낀데스까

□ 이거 진짜인가요?

これは本物ですか。

코레와 혼모노데스까

□ 이거 도금인가요?

これはめっきですか。

코레와 멧끼데스까

- [ ] 이거 방수되나요?

  これは防水ですか。

  코레와 보-스이데스까

- [ ] 이 시계 시간 좀 맞춰 주세요.

  この時計の時間を合わせてください。

  코노 토케-노지깡오 아와세테쿠다사이

- [ ] 이거 어디 제품인가요?

  これはどこの製品ですか。

  코레와 도코노 세-힝데스까

- [ ] 이 보석은 뭐죠?

  この宝石は何ですか。

  코노호-세끼와 난데스까

- [ ] 이거 보증서 있나요?

  これ、保証書ついていますか。

  코레 호쇼-쇼 쯔이테이마스까

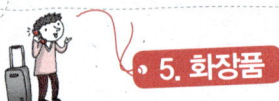

5. 화장품

□ 좀 시험해 봐도 돼요?

ちょっと試してみてもいいですか。

춋또 따메시테미테모 이이데스까

□ 화장품 코너는 어디 있습니까?

化粧品コーナーはどこにありますか。

케쇼-힝 코-나-와 도코니아리마스까

□ 3층에 있습니다.

3階にあります。

산가이니 아리마스

□ 저쪽에 있는 엘리베이터를 타세요.

あちらにあるエレベーターに乗ってください。

아찌라니 아루 에레베-타니 놋테쿠다사이

□ 색상은 이게 다인가요?

色はこれで全部ですか。

이로와 코레데 젬부데스까

☐ 샘플 좀 발라 봐도 되나요?

サンプルをぬってみてもいいですか。

삼푸루오 눗테미테모 이이데스까

☐ 이것은 건성 피부용인가요?

これは乾燥肌用ですか。

코레와 칸소—하다요—데스까

☐ 새로 나온 미백화장품 샘플 얻을 수 있어요?

新しく出た、美白化粧品のサンプルもらえますか。

아따라시쿠데따 비하쿠케쇼—힝노 삼푸루모라에마스까

☐ 민감성피부에 맞는 라인은 어떤 거예요?

敏感肌に合う、ラインはどれですか。

빈깡하다니아우 라인와 도레데스까

☐ 제 피부에는 약간 더 밝은 색이 맞을 거라 생각하는데…

私の肌にはもっと明るめの色が合うと思いますが。

와따시노하다니와 못토 아까루메노이로가 아우토 오모이마스가

□ 립스틱을 찾고 있어요.

口紅をさがしています。

쿠찌베니오 사가시테이마스

□ 이거 브랜드가 뭔가요?

これブランドが何ですか。

코레 브란도가 난데스까

□ 선물로 뭔가 추천할 만한 향수 있어요?

プレゼント用に、何かおすすめの香水なんてありますか。

푸레젠또요-니 나니까 오스스메노 코-스이난테 아리마스까

□ 이거 무슨 향이에요?

これは何の香りですか。

코레와 난노 카오리데스까

□ 인기 있는 향수는 어느 건가요?

人気の香水はどれですか。

닝끼노 코-스이와 도레데스까

6. 전자제품

☐ 전자제품을 사려면 어디에 가야 합니까?

電気製品を買うならどこに行けばいいんですか。

뎅끼세-힝오 까우나라 도코니이케바 이잉데스까

☐ 무엇을 찾으십니까?

何をお探しですか。

나니오 오사가시데스까

☐ 디지털카메라를 사고 싶은데요.

デジタルカメラを買いたいんですが。

데지타루카메라오 까이따잉데스가

☐ 디지털카메라는 어디 있습니까?

デジカメはどちらですか。

데지카메와 도찌라데스까

☐ 전자수첩을 사고 싶은데요.

電子手帖がほしいんですが。

뎅시테쵸-가 호시잉데스가

□ 사용법을 알려 주세요.

使い方を教えてください。

쯔까이가타오 오시에테쿠다사이

□ 좀더 성능이 좋은 것은 없습니까?

もっと性能のいいものはありませんか。

못토 세-노-노 이이모노와 아리마센까

□ 컴퓨터는 어디로 가면 살 수 있어요?

コンピューターは、どこに行けば買えますか。

콤퓨-타-와 도코니 이케바 까에마스까

□ 예산은 3만엔인데 적당한 캠코더 있습니까?

予算は3万円ですが、適当なカムーコーダはありますか。

요산와 산만엔데스가 테끼토-나 카무-코-다와 아리마스까

□ 닌텐도는 어디서 팝니까?

ニンテンドウはどこで売っていますか。

닌텐도-와 도코데 웃테이마스까

☐ CD플레이어 있습니까?

CDプレーヤーありますか。

씨-디-푸레-야- 아리마스까

☐ 찾고 계시는 브랜드라도 있습니까?

お探しのブランドでもございますか。

오사가시노 브란도데모 고자이마스까

☐ 예, 3층에 있습니다.

はい、三階にあります。

하이 산가이니 아리마스

☐ 예산 오버되는데, 좀더 싼 건 없습니까?

予算オーバーですが、もっと安いものはありませんか。

요산오-바-데스가 못토 야스이모노와 아리마센까

☐ 가장 음질이 좋은 것은 어느 것입니까?

一番音質がいいやつはどれですか。

이찌방 온시쯔가 이이야쯔와 도레데스까

□ 충전도 가능합니까

充電もできますか。

쥬―뎅모데끼마스까

□ 작동법을 알려 주세요.

動かし方を教えてください。

우고까시가타오 오시에테쿠다사이

□ 몇 가지 보여주세요.

いくつか見せてください。

이쿠쯔까 미세테쿠다사이

□ 조금 더 여러 기능이 달려 있는 것이 좋을 것 같은데.

もっと機能が多いものがいいんですけど。

못토 끼노―가 오―이모노가 이잉데스케도

□ 이 잡지에 실려 있는 상품, 여기에서도 취급하나요?

この雑誌に載ってる、商品、ここでも取り扱ってますか。

코노잣시니 놋테루 쇼―힝 코코데모 토리아쯔갓테마스까

7. 편의점

□ 이 근처에 편의점이 어디 있나요?

この近くのコンビニはどこにありますか。

코노 찌까쿠노 콤비니와 도코니 아리마스까

□ 컵라면은 어디 있습니까?

カップラーメンはどこにありますか。

캅뿌라-멩와 도코니 아리마스까

□ 빵은 어디 있습니까?

パンはどこにおいてありますか。

팡와 도코니 오이테 아리마스까

□ 과자는 어디 있습니까?

お菓子はどこにありますか。

오까시와 도코니 아리마스까

□ 이 도시락 유효기간은 언제까지인가요?

このお弁当の賞味期限はいつまでですか。

코노 오벤또-노 쇼-미끼겡와 이쯔마데데스까

□ 유통기한이 지났습니다.

賞味期限が切れてます。

쇼—미기겡가 끼레테마스

□ 이거 세 개 주세요.

これ、3つください。

코레 밋쯔 쿠다사이

□ 우유를 찾고 있는데요.

牛乳をさがしているのですが。

규—뉴—오 사가시테이루노데스가

□ 유제품은 어디에 있나요?

乳製品はどこですか。

뉴—세—힝와 도코데스까

□ 이거 신선한가요?

これ、新鮮ですか。

코레 신센데스까

□ 한 개에 얼마죠?

一個いくらですか。

잇꼬 이쿠라데스까

□ 이거 낱개로도 파나요?

これ、バラでも売りますか。

코레 바라데모 우리마스까

□ 다 팔렸는데요.

すべて売り切れました。

스베테 우리끼레마시따

□ 데워 드릴까요?

温めましょうか。

아따따메마쇼-까

□ 젓가락을 넣어드릴까요?

お箸はお付けしましょうか。

오하시하 오쯔케시마쇼-까

□ 봉지에 넣어드릴까요?

袋にいれますか。

후쿠로니 이레마스까

□ 봉지 하나 더 주시겠어요.

袋をもう一枚もらえますか。

후쿠로오 모-이찌마이 모라에마스까

□ 계산은 어디서 합니까?

計算はどこでしますか。

케-산와 도코데 시마스까

□ 전부 얼마예요?

全部でいくらですか。

젬부데 이쿠라데스까

□ 영수증 좀 주세요.

レシートください。

레시-또 쿠다사이

8. 가격 흥정

☐ 이것으로 하겠습니다. 이거 주세요.

これにします。これください。
코레니시마스 코레쿠다사이

☐ 이거 얼마죠?

これ、いくらですか。
코레 이쿠라데스까

☐ 너무 비싸네요.

高<small>たか</small>すぎますよ。
다까스기마스요

☐ 좀 깎아 주시겠어요?

安<small>やす</small>くしてくれますか。
야스쿠시테쿠레마스까

☐ 좀 깎아주시지 않으시겠어요?

少<small>すこ</small>しべんきょうしてくれませんか。
스코시 벤꾜-시테 쿠레마센까

□ 예산은 어느 정도입니까?

ご予算はいくらくらいですか。

고요산와 이쿠라구라이데스까

□ 계산해 주세요.

お会計してください。

오까이케- 시테쿠다사이

□ 지불은 어떻게 하시겠어요?

支払いはどうなさいますか。

시하라이와 도-나사이마스까

□ 쇼핑백에 넣어주세요.

紙袋に入れてください。

까미부쿠로 이레테쿠다사이

□ 얼마인가요?

いくらですか。

이쿠라데스까

☐ 상품권도 사용할 수 있나요?

商品券も使えますか。
しょうひんけん　つか

쇼-힝켄모 쯔까에마스까

☐ 카드도 되나요?

カードで支払いできますか。
し はら

카-도데 시하라이데끼마스까

☐ 이거는 따로 계산해 주세요.

これは別に計算してください。
べつ　けいさん

코레와 베쯔니 케-산시테쿠다사이

☐ 영수증 잘라주세요.

領收書きってください。
りょうしゅうしょ

료-슈-쇼깃떼쿠다사이

☐ 영수증을 주시겠어요?

レシートをいただけますか。

레시-토오 이따다케마스까

- [ ] 세금 포함한 가격이에요?

  消費税込みの値段ですか。

  쇼-히제-코미노 네단데스까

- [ ] 사지 않은 물건까지 계산되어 있는데요…

  買ってない物まで、計算してあるんですけど。

  갓테나이모노마데 케-산시테아룽데스케도

- [ ] 선물용으로 해주실 수 있으세요?

  プレゼント用にしてもらえますか。

  푸레젠또요-니 시테모라에마스까

- [ ] 포장은 별도 요금이에요?

  ラッピングは別途料金ですか。

  랍핑구와 벳토료-킨데스까

- [ ] 상자에 넣어서 포장해주시겠습니까?

  箱にいれてから、包んでくれますか。

  하코니 이레테까라 쯔쯘데쿠레마스까

9. 교환·환불

☐ 다른 것으로 바꿔주시겠어요?

別の物と取り替えていただけますか。

베쯔노 모노토 토리까에테이따다케마스까

☐ 반품하고 싶은데요.

返品したいのですが。

헨삥시따이노데스가

☐ 환불이 아니라 새것으로 바꿔주세요.

払い戻しじゃなくて、新しいものと取り替えてください。

하라이모도시쟈나쿠테 아따라시- 모노토 토리까에테쿠다사이

☐ 환불해주시겠어요?

返金してもらえますか。

헨낑시테모라에마스까

☐ 이거 교환할 수 있나요?

これ交換できますか。

코레 코-깡데키마스까

☐ 환불할 수 있나요?

払い戻しできますか。

하라이모도시데끼마스까

☐ 죄송하지만 저희는 환불이 안 되는데요.

すみませんが、私どものほうでは払い戻しができません。

스미마센가 와따시도모노 호-데와 하라이모도시가 데끼마셍

☐ 세일품목이기 때문에 환불은 불가능합니다.

セール品なので、払い戻しはできません。

세-루힝나노데 하라이모도시와 데끼마셍

☐ 다른 것으로 바꿀 수 있습니까?

ほかのものと替えることができますか。

호까노 모노또 까에루코또가 데끼마스까

☐ 더 작은 것으로 바꿀 수 있나요?

もっと小さいものと替えることができますか。

못또 치-사이모노토 까에루코또가 데끼마스까

□ 무슨 문제인가요?

何か問題がありますか。
나니까 몬다이가 아리마스까

□ 사이즈가 맞지 않아요.

サイズが合いません。
사이즈가 아이마센

□ 전혀 작동하지 않아요.

まったく作動しません
맛따쿠 사도우시마센

□ 너무 꽉 끼어요.

かなりきついです。
까나리 끼쯔이데스

□ 이것 좀 봐주시겠어요? 불량품인데요.

これちょっと見てもらえますか。不良品なんですけど。
코레쫏-또 미테모라에마스까 후료-힝난데스케도

☐ 여기에 얼룩이 있어요.

ここに染みがついています。
코코니 시미가 쯔이테이마스

☐ 새것으로 바꿔드리겠습니다.

新しいものとお取り替えします。
아따라시-모노토 오토리까에시마스

☐ 불량품은 언제든지 바꿔드리겠습니다.

不良品は、いつでもお取り替え致します。
후료-힝와 이쯔데모 오토리까에이따시마스

☐ 영수증은 가지고 있으세요?

レシートをお持ちになりますか。
레시-토오 오모찌니 나리마스까

☐ 영수증 여기 있어요.

レシートはここにあります。
레시-토와 코코니 아리마스

통신 및 편의시설 VIII

1. 전화
2. 인터넷
3. 우체국
4. 은행
5. 미용실

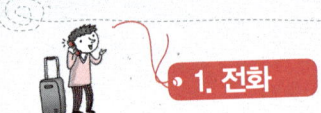

1. 전화

□ ○○○ 좀 부탁해요.

○○○、お願いします。

○○○ 오네가이시마스

□ 전데요.

私ですが。

와따시데스가

□ 누구시죠?

どちらさまですか。

도찌라사마데스까

□ 조진호라고 합니다.

ゾジンホと申します。

조지호토 모-시마스

□ 메시지 좀 남겨도 될까요?

メッセージを残してもいいですか。

멧세-지오 노코시테모이이데스까

- [ ] 전하실 말씀이라도 있나요?

  ご伝言ありますか。

  고뎅공 아리마스까

- [ ] 나중에 다시 걸게요.

  あとでまたかけます。

  아토데 마따 까케마스

- [ ] 조금 천천히 말씀해 주실래요?

  もう少しゆっくり話してもらえますか。

  모-스코시 육쿠리 하나시테모라에마스까

- [ ] 잠시만 기다려 주세요.

  少々お待ちください。

  쇼-쇼- 오마찌쿠다사이

- [ ] 지금 통화중인데요.

  ただいま話し中ですが。

  따다이마 하나시쮸-데스가

☐ 좀 크게 말씀해 주세요.

もっと大きな声で話してください。

못토 오-끼나코에데 하나시테쿠다사이

☐ 잘 안 들려요.

よく聞こえません。

요쿠 끼코에마셍

☐ 다시 말씀해 주시겠어요?

もう一度言っていただけますか。

모-이찌도 잇테이따다케마스까

☐ 국제전화를 걸고 싶어요.

国際電話をかけたいんですが。

코쿠사이뎅와오 까케따잉데스가

☐ 전화를 취소해 주세요.

電話をキャンセルしてください。

뎅와오 칸세루시테쿠다사이

- 국제 전화 카드는 어디에서 살 수 있나요?

  国際電話カードはどこで買えますか。

  코쿠사이뎅와 카-도와 도코데 까에마스까

- 전화 상태가 안 좋네요.

  電話の状態がよくないんです。

  뎅와노 죠-따이가 요쿠나잉데스

- 한국에 전화를 하고 싶은데요.

  韓国に電話をかけたいですが。

  칸코쿠니 뎅와오 까케따이데스가

- 공중전화는 어디에 있나요?

  公衆電話はどこにありますか。

  코-슈- 뎅와 도코니 아리마스까

- 이 전화의 사용법 좀 알려 주실래요?

  この電話の使い方を教えてくれませんか。

  코노뎅와노 쯔까이가타오 오시에테쿠레마센까

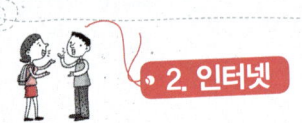

2. 인터넷

□ 인터넷은 어디서 이용할 수 있나요?

インターネットはどこで使えますか。

인타-넷또와 도코데 쯔까에마스까

□ 호텔에 인터넷을 사용할 수 있는 곳이 있습니까?

ホテルにインターネットの使用できるところがありますか。

호테루니 인타-넷또노 시요-데끼루도코로가 아리마스까

□ 제 이메일을 어디서 확인할 수 있나요?

私のEメールをどこで確認できますか。

와따시노 이메-루오 도코데 까쿠닝 데끼마스까

□ 이 근처에 인터넷카페가 있습니까

この辺りにインターネットカフェがありますか。

코노아따리니 인타-넷또카훼가 아리마스까

□ 이 근처에 인터넷을 사용할 수 있는 곳이 있나요?

この辺にインターネットを使えるところがありますか。

코노헨니 인타-넷또오 쯔까에루도코로가 아리마스까

□ 요금은 얼마인가요?

料金はいくらですか。
료-킨와 이쿠라데스까

□ 빨리 메일을 보내지 않으면 안됩니다만…

急いでメールを送らなければなりませんですけど。
이소이데 메-루오 오쿠라나케레바 나리마셍데스케도

□ 인터넷 접속이 안 되는데요.

インターネットのアクセスができないんですけど。
인타-넷또노 아쿠세스가 데끼나잉데스케도

□ 컴퓨터 상태가 좀 이상한데요.

コンピュータの調子がちょっとおかしいんですが。
콤퓨-따노 쵸-시가 춋또 오까시잉데스가

□ 한국어 지원이 되는 것은 없나요?

韓国語にも対応できるものはありませんか。
칸코쿠고니모 따이오-데끼루모노와 아리마셍까

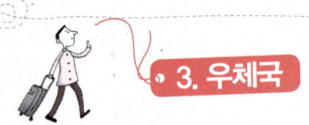

3. 우체국

☐ 우체국은 어디에 있나요?

郵便局はどこにありますか。

유-빙쿄쿠와 도코니 아리마스까

☐ 우체통은 어디 있나요?

ポストはどこですか。

포스토와 도코데스까

☐ 이것을 한국으로 부치고 싶은데요.

これをを韓国に送りたいんですが。

코레오 칸코쿠니 오쿠리따잉데스가

☐ 항공편으로 하시겠습니까, 배편으로 하시겠습니까?

エアメールになさいますか、船便になさいますか。

에아메-루니 나사이마스까 후나빙니 나사이마스까

☐ 항공편으로 해주세요.

エアメールにしてください。

에아메-루니 시테쿠다사이

□ 우편 요금은 얼마죠?

送料はいくらですか。
そうりょう

소—료—와 이쿠라데스까

□ 얼마나 걸리나요?

どのくらいかかりますか。

도노구라이 까까리마스까

□ 약 일주일 걸립니다.

約1週間ほどかかります。
やくいっしゅうかん

야쿠 잇슈—깡호도 까까리마스

□ 우표를 사려면 어디로 가야 하나요?

切手はどこで買えますか。
きって   か

깃떼와 도고데 까에마스까

□ 이 편지 속달로 부탁합니다.

この手紙、速達でお願いします。
   てがみ そくたつ   ねが

코노 테가미 소쿠타쯔데 오네가이시마스

☐ 네, 그러죠.

はい、わかりました。
하이 와까리마시따

☐ 안에 뭐가 들어 있나요?

中に何が入っていますか。
나까니 나니가 하잇테이마스까

☐ 어디에서 전보를 칠 수 있나요?

どこで電報を打てますか。
도코데 뎀뽀-오 우테마스까

☐ 전보를 치려면 어떻게 해야 하나요?

電報を打つには、どうすればいいですか。
뎀뽀-오 우쯔니와 도-스레바이이데스까

☐ 이 메모를 전보로 보내 주세요.

このメモを電報で送ってください。
코노 메모오 뎀뽀-데 오쿳테쿠다사이

4. 은행

□ 은행은 어디에 있나요?

銀行はどこにありますか。

긴꼬-와 도코니 아리마스까

□ 어디서 돈을 바꿀 수 있나요?

どこでお金を両替できますか。

도코데 오카네오 료-가에데끼마스까

□ 가장 가까운 환전소는 어디인가요?

いちばん近い両替所はどこですか。

이찌방 찌까이 료-가에죠와 도코데스까

□ 여기서 환전할 수 있나요?

ここで両替できますか。

코코데 료-가에데끼마스까

□ 은행은 언제까지 문을 여나요?

銀行は、何時まで開いていますか。

긴코-와 난지마데 아이테이마스까

□ 일요일에 문을 여는 은행 있나요?

日曜日に開いている銀行はありますか。

니찌요-비니 아이테이루 긴꼬-와 아리마스까

□ 여기서 한국 원화를 바꿀 수 있나요?

ここで韓国ウォンを両替できますか。

코코데 칸코쿠 원오 료-가에데끼마스까

□ 얼마나 바꾸실 건가요?

いくら両替しますか。

이쿠라 료-가에시마스까

□ 이걸 엔으로 바꿔 주세요.

これを円に替えてください。

코레오 엔니 까에테쿠다사이

□ 수수료는 얼마인가요?

手数料はいくらですか。

테스-료-와 이쿠라데스까

☐ 이 돈을 어떻게 바꿔 드릴까요?

お金はどのようにさしあげましょうか。

오까네와 도노요—니 사시아게마쇼—까

☐ 1,000엔러짜리 지폐 다섯 장하고 500엔짜리 동전 네 개요.

千円札5枚と、500円だま4個です。

셍엥사쯔 고마이토 고햐꾸엔다마 욘코데스

☐ 이 수표를 현금으로 바꿔 주세요.

この小切手を現金に替えてください。

코노 코깃떼오 겡킹니 까에테쿠다사이

☐ 수표에 서명해 주세요.

小切手にサインしてください。

코깃떼니 사인시테쿠다사이

☐ 이 10,000엔 지폐를 잔돈으로 바꿔 주실래요?

この1万円札を小銭に替えてくれますか。

코노 이찌만엔사쯔오 코제니니 까에테쿠레마스까

5. 미용실

☐ 이 근처에 좋은 미용실이 있나요?

この近所にいい美容室がありますか。
코노 킨죠니 이이비요-시쯔가 아리마스까

☐ 커트만 하면 얼마예요?

カットだけならいくらですか。
캇또다케나라 이쿠라데스까

☐ 커트랑 파마를 하면 얼마가 되지요?

カットとパーマをしたらいくらになりますか。
캇또토파-마오 시따라 이쿠라니나리마스까

☐ 지금과 같은 스타일로 해 주세요.

今と同じ髪型にしてください。
이마토 오나지까미가따니 시테쿠다사이

☐ 커트 얼마나 할까요?

どれぐらいカットしますか。
도레구라이 캇또시마스까

- [ ] 다듬어 자르는 정도로 할까요?

    切り揃えるくらいですか。

    끼리소로에루구라이데스까

- [ ] 짧게 자르고 싶은데요.

    ショートにしたいんですが。

    쇼-또니시따잉데스가

- [ ] 좀 가벼운 듯한 스타일로 하고 싶은데요.

    ちょっと軽めのスタイルにしたいんですけど。

    줏또 까루메노 스타이루니 시따잉데스케도

- [ ] 이 사진처럼 하고 싶은데요.

    この写真みたいにしたいんですけど。

    코노 샤신미따이니 시따잉데스케도

- [ ] 앞머리는 너무 짧지 않게 잘라주세요.

    前髪は短く切りすぎないでください。

    마에가미와 미지까쿠 끼리스기나이데쿠다사이

□ 이발과 면도를 부탁드립니다.

散髪とひげそりをお願いします。

삼빠쯔토 히게소리오 오네가이시마스

□ 면도는 어떻게 하시겠습니까?

ひげ剃りはどうなさいますか。

히게소리와 도-나사이마스까

□ 가르마는 어느 쪽으로 할까요?

分け目はどちらにいたしましょうか。

와케메와 도찌라니이따시마쇼-까

□ 손상된 모발에 좋은 샴푸가 있어요?

痛んだ髪に優しいシャンプー、ありますか。

이딴다 카미니 야사시- 샴푸- 아리마스까

□ 샴푸실로 오세요.

シャンプー台のほうへどうぞ。

샴푸-다이노 호-에 도-조

문제 해결 IX

1. 길을 잃었을 때
2. 분실 및 도난
3. 교통사고
4. 증상 말하기
5. 병원
6. 약국
7. 긴급 상황

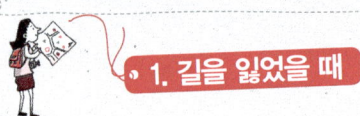

1. 길을 잃었을 때

☐ 길을 잃는 것 같은데요.

道を迷ったみたいですが。

미찌오 마욧따 미따이데스가

☐ 길을 잃었어요.

道に迷いました。

미찌니 마요이마시따

☐ 여기는 어디죠?

ここはどこですか。

코코와 도코데스까

☐ 제가 지금 어디 있는지 전혀 모르겠어요?

私が今どこにいるか全然分かりません。

와따시가 이마 도코니이루까 젠젠 와까리마센

☐ 요요기공원에 갈려고 하는데 길을 모르겠어요.

代々木公園に行きたいですが道が全然分かりません。

요요기코-엔니 이끼따이데스가 미찌가 젠젠 와까리마센

□ 어느 쪽으로 가야 하나요?

どちらに行かなくてはなりませんか。

도찌라니 이까나쿠테와 나리마센까

□ 여기서 먼가요?

ここから遠いですか。

코코까라 토-이데스까

□ 이 지도에서 제가 어디 있는 건가요?

この地図でいま私はどこにいますか。

코노 치즈데와 이마 와따시와 도코니 이마스까

□ 여기에 약도 좀 그려 주세요.

ここに略図を描いてください。

코코니 랴쿠즈오 까이테쿠다사이

□ 이 길인가요, 저 길인가요?

この道ですか、あの道ですか。

코노미찌데스까 아노 미찌데스까

□ 거기에 어떻게 가나요?

そこにはどうやって行くのですか。

소코니와 도―얏떼 이쿠노데스까

□ 여기서 가까운가요?

ここから近いですか。

코코까라 찌까이데스까

□ 그곳에 가려면 얼마나 걸리나요?

そこに行くにはどれくらいかかりますか。

소코니 이쿠니와 도레구라이 까까리마스까

□ 제가 그곳까지 데려다 줄게요.

私がそこまで案内します。

와따시가 소코마데 안나이시마스

□ 지나쳐 오셨군요.

行き過ぎてしまいましたね。

이끼스기테 시마이마시따네

2. 분실 및 도난

☐ 무슨 일인가요?

どうしましたか。
도-시마시따까

☐ 도난 신고를 하려고요.

盗難の申告したいんですが。
토-난노 신코쿠시따잉데스가

☐ 무엇을 도난 당하셨나요?

何を盗難にあいましたか。
나니오 토-난니 아이마시따까

☐ 지갑을 도둑 맞았어요.

財布を盗まれました。
사이후오 누스마레마시따

☐ 가방을 잃어버렸어요.

カバンをなくしました。
가방오 나쿠시마시따

- [ ] 호텔 앞에서 지갑을 소매치기 당했어요.

    ホテルの前で、財布をすられました。

    호테루노 마에데 사이후오 스라레마시따

- [ ] 여기 한국말 하는 분 안 계시나요?

    韓国語ができる方いませんか。

    칸코쿠고가 데끼루가타 이마센까

- [ ] 택시에 여권을 두고 내렸어요.

    タクシーにパスポートを置き忘れました。

    타쿠시-니 파스포-토오 오끼와스레마시따

- [ ] 항공권을 잃어 버렸어요.

    航空券をなくしました。

    코-쿠-켕오 나쿠시마시따

- [ ] 여권 잃어버렸는데 어떻게 하죠?

    旅券、なくしましたけどどうすればいいんですか。

    료켕 나쿠시마시다케도 도-스레바 이잉데스까

☐ 대사관에 가서서 재발급 신청을 하세요.

大使館に行って再発行の申請をしなさい。

타이시깡니 잇테 사이핫코-노 신세-오 시나사이

☐ 한국대사관에 어떻게 가나요?

韓国大使館にはどうやって行くのですか。

칸코쿠타이시캉니와 도우얏떼 이쿠노데스까

☐ 여권 재발급은 어디서 하나요?

旅券の際発行はどこですか。

료켄노 사이핫코-와 도코데스까

☐ 여권을 재발행 받을 수 있을까요?

パスポートを再発行してもらえますか。

파스포-토오 사이핫코-시테 모라에마스까

☐ 언제, 어디에서 잃어 버리셨나요?

いつ、どこでなくしましたか。

이쯔 도코데 나쿠시마시따까

3. 교통사고

☐ 119로 전화 좀 해 주세요.

１１９に電話してください。

이찌이찌큐―니 뎅와시테쿠다사이

☐ 제가 교통사고를 냈어요.

私が交通事故を起こしました。

와따시가 코―쯔―지코오 오코시마시따

☐ 어디서 사고가 났나요?

どこで事故が起きましたか。

도코데 지코가 오끼마시따까

☐ 뺑소니차에 치였어요.

ひき逃げに遭いました。

히끼니게니 아이마시따

☐ 차에 치였어요.

車にひかれました。

구루마니 히까레마시따

□ 여보세요. 경찰서죠?

もしもし。警察署ですか。

모시모시 케-사쯔쇼데스까

□ 자동차 사고를 신고하려고요.

自動車事故の申告です。

지도-샤지코노 신코쿠데스

□ 신호가 빨간불로 바뀌는 순간 부딪쳤습니다.

信号が赤に変わるときぶつかりました。

신고-가 아까니 까와루토끼 부쯔가리마시따

□ 제 잘못이 아니에요.

私の過ちではありません。

와따시노 아야마찌데와 아리마셍

□ 저는 교통신호를 지켰어요.

私は信号を守りました。

와따시와 신고-오 마모리마시따

□ 여기 부상자가 있어요.

ここに負傷者がいます。

코코니 후쇼-샤가 이마스

□ 목격자가 있습니까?

目撃者がいますか。

모쿠게끼샤가 이마스까

□ 앰뷸런스 좀 불러 주세요.

救急車を呼んでください。

큐-큐-샤오 욘데쿠다사이

□ 이 분을 구급차로 옮겨 주세요.

このかたを救急車に運んでください。

코노가타오 큐-큐-샤니 하콘데쿠다사이

□ 응급처치는 했나요?

応急処置をしましたか。

오-큐-쇼치오 시마시따까

4. 증상 말하기

□ 어디가 아픕니까?

どういった症状ですか。
도우잇따 쇼-죠-데스까

□ 콧물이 납니다.

鼻水がでます。
하나미즈가 데마스

□ 목이 아파요.

のどが痛いです。
노도가 이따이데스

□ 두통이 심합니다.

頭痛がひどいです。
즈쯔-가 히도이데스

□ 열이 나요.

熱がします。
네쯔가 시마스

□ 배가 아파요.

お腹が痛いです。
오나까가 이따이데스

□ 기침이 멈추지 않아요.

せきが止まらないんです。
세끼가 토마라나잉데스

□ 재채기가 계속 나요.

くしゃみが止まりません。
쿠샤미가 토마리마센

□ 숨쉬기가 힘들어요.

息苦しいです。
이끼구루시이데스

□ 머리가 무거워요.

頭が重いです。
아따마가 오모이데스

☐ 자꾸 졸려요.

すぐ眠くなります。

스구 네무쿠나리마스

☐ 속이 메슥거려요.

吐気がします。

하끼케가 시마스

☐ 몸이 오슬오슬 추워요.

ぞくぞくと寒気がします。

조쿠조쿠토 사무케가 시마스

☐ 여기가 아파요.

ここが痛いです。

코코가 이따이데스

☐ 감기에 걸린 거같아요.

風邪をひいたみたいです。

카제오 히이따미따이데스

□ 먹기만 하면 자꾸 토해요.

食べるとすぐ吐きます。

따베루토 스구 하끼마스

□ 아랫배가 아파요.

下腹が痛いです。

시따하라가 이따이데스

□ 설사가 나요.

下痢をします。

게리오 시마스

□ 소화가 안 돼요.

消化がよくありません。

쇼―까가 요쿠아리마센

□ 온몸이 가려워요.

全身がかゆいです。

젠신가 까유이데스

5. 병원

□ 제일 가까운 병원은 어디인가요?

もっとも近い病院はどこですか。

못토모 찌까이 뵤-잉와 도코데스까

□ 어디가 아프세요?

どこが痛いですか。

도코가 이따이데스까

□ 증상이 어떤가요?

どういった症状ですか。

도-잇따 쇼-죠-데스까

□ 만지면 아픈가요?

さわると痛いですか。

사와루토 이따이데스까

□ 열이 있나요?

熱がありますか。

네쯔가 아리마스까

□ 구역질이 멈추질 않아요.

吐気が止まらないんです。

하끼케가 토마라나잉데스

□ 계속 아픈가요?

ずっと痛いですか。

즛또 이따이데스까

□ 또 어디 아픈 곳은 없습니까?

ほかに痛いところはありませんか。

호까니 이따이도코로와 아리마센까

□ 검사 결과에 대해서 듣고 싶습니다만…

検査結果について聞きたいんですが。

켄사켁까니쯔이테 끼키따잉데스가

□ 오늘은 어떠세요?

今日はどうなさいましたか。

쿄―와 도― 나사이마시따까

☐ 목을 보여주세요.

喉を見せてください。
のど　　み

노도오 미세테쿠다사이

☐ 청진기를 댈 테니 웃옷을 벗으세요.

聴診器を当てますので、上着を脱いでください。
ちょうしんき　　あ　　　　　　　　うわぎ　ぬ

쵸―신끼오 아테마스노데 우와기오 누이데쿠다사이

☐ 엎드려서 침대에 누우세요.

うつぶせになって、ベッドに寝てください。
ね

우쯔부세니낫테 벳도니 네테쿠다사이

☐ 여기에 앉으세요.

ここにお座りください。
すわ

코코니 오스와리쿠다사이

☐ 숨을 쉬고, 들이마시고, 숨을 멈추세요.

息を吸って、はいて、息を止めてください。
いき　す　　　　　　　　　いき　と

이끼오 슷테 하이테 이끼오 토메테쿠다사이

- 혈압을 재겠습니다.

  血圧を測ります。

  케쯔아쯔오 하까리마스

- 전에도 이런 증상이 있었던 적 있나요?

  前にもこういう症状になったことがありますか。

  마에니모 코-이우 쇼-죠-니낫따코또가 아리마스까

- 특정약에 알레르기 반응을 일으킨 적 있어요?

  特定の薬にアレルギー症状がでたことがありますか。

  토쿠테-노쿠스리니 아레루기-쇼-죠-가 데따코또가 아리마스까

- 언제부터 이런 증상이 나온 거지요?

  いつからこういう症状が出ましたか。

  이쯔가라 코-이우쇼-죠-가 데마시따까

- 처음 이런 증상이 나온 것은 언제이지요?

  はじめてこういう症状が出たのはいつですか。

  하지메테 코-이우 쇼-죠-가 데따노와 이쯔데스까

6. 약국

□ 약국은 어디 있나요?

薬局はどこにありますか。

약쿄쿠와 도코니 아리마스까

□ 소독약 있어요?

食毒薬ありますか。

쇼쿠도쿠야쿠 아리마스까

□ 감기약 있어요?

風邪薬ありますか。

카제구스리 아리마스까

□ 소화제 좀 주세요.

消化剤をください。

쇼-까자이오 쿠다사이

□ 두통약은 어떤 게 있나요?

頭痛薬はどんなのがありますか。

즈쯔-야쿠와 돈나노가 아리마스까

□ 목 아픈 데 먹는 약 있나요?

のどの痛みに効く飲み薬ありますか。
노도노 이따미니 끼쿠 노미구스리 아리마스까

□ 벌레 물린 데 바르는 약 좀 주세요.

虫さされに効く塗り薬ください。
무시사사레니 끼쿠 누리구스리 쿠다사이

□ 화상 입었는데 바르는 약 주시겠어요?

やけどしたんですけど、塗り薬もらえますか。
야케도시땅데스케도 누리구스리 모라에마스까

□ 가루약은 못 먹으니까 알약으로 주세요.

粉薬は飲めないので、錠剤でください。
코나구스리와 노메나이노데 죠-자이데쿠다사이

□ 피로회복에 듣는 드링크제 2병 주세요.

疲労回復にきく、ドリンク二つください。
히로-까이후쿠니끼쿠 도링쿠후타쯔 쿠다사이

☐ 피로에는 뭐가 잘 들어요?

疲れ目には何が効きますか。

쯔까레메니와 나니가 끼키마스까

☐ 찰과상에 바르는 약 있어요?

擦り傷に塗る薬はありますか。

스리키즈니 누루 쿠스리와 아리마스까

☐ 숙취 약 주세요.

酔いざましの薬をください。

요이자마시노 쿠스리오 쿠다사이

☐ 붕대랑 탈지면 주세요.

包帯と脱脂綿をください。

호-따이토 닷시멩오 쿠다사이

☐ 거즈랑 반창고 주세요.

ガーゼと絆創膏をください。

가-제토 반소-코-오 쿠다사이

□ 처방 없이 수면제 살 수 있어요?

処方なしで睡眠薬を買えますか。

쇼호-나시데 스이밍야쿠오 까에마스까

□ 우리 약국에서는 처방전 없이는 약을 팔 수가 없어요.

うちでは処方せんなしで薬を出すことはできません。

우찌데와 쇼호-센나시데 쿠스리오 다스코또와 데끼마센

□ 한 번에 몇 알 먹으면 돼요?

一回に何錠飲めばいいですか。

잇까이니 난죠- 노메바 이이데스까

□ 약은 몇 번 먹나요?

薬は何回飲みますか。

구스리와 난까이 노미마스까

□ 하루 세 번 식후에 드세요.

一日三回、食後に飲んでください。

이찌니찌산까이 쇼쿠고니 논데쿠다사이

7. 긴급 상황

□ 도와줘요!

助けてください!

따스케테쿠다사이

□ 제 방에 도둑이 든 것 같아요.

私のルームに泥棒が入ったみたいです。

와따시노 루-무니 도로보-가 하잇따미따이데스

□ 소매치기다!

すりだ!

스리다!

□ 가방을 도둑맞았어요.

カバンを盗まれました。

가방오 누스마레마시따

□ 순경 아저씨, 좀 도와주세요.

お巡りさん、ちょっと助けてください。

오마와리상 춋또 따스케테쿠다사이

☐ 아까부터 누군가가 나를 뒤쫓는 느낌이 들어요. 무서워요.

先から誰かが私を追いかける感じがします。怖いです。
사끼까라 다레까가 와따시오 오이까케루칸지가 시마스 코와이데스

☐ 조심해요! 뒤에 차가 다가오고 있어요.

気をつけて! 後ろに車が近づいてますよ。
끼오쯔케테 우시로니 구루마가 찌까즈이테마스요

☐ 핸드백을 날치기 당했어요.

ハンドバッグをひったくりされました。
한도박구오 힛따쿠리사레마시따

☐ 경찰관을 불러 주세요.

警察官を呼んでください。
케-사쯔깡오 욘데쿠다사이

☐ 가방을 도둑맞아서 돈도 여권도 아무것도 없습니다.

かばんを盗まれて、お金も旅券も何もありません。
가방오 누스마레테 오까네모 료켕모 나니모 아리마셍

단어 찾기

부록

부록 단어 찾기

가게	미세	店(みせ)
가격	네단	値段(ねだん)
가늘다	호소이	細(ほそ)い
가라오케	가라오케	カラオケ
가방	가방	カバン
가볍다	까루이	軽(かる)い
가부키	가부끼	歌舞伎(かぶき)
가슴	무네	胸(むね)
가운데	나까	中(なか)
가이드	가이도	ガイド
가족	까조꾸	家族(かぞく)
간장	쇼-유	醤油(しょうゆ)
간호사	캉고시	看護師(かんごし)
갈색	챠이로	茶色(ちゃいろ)
갈아입다	끼가에루	着替(きが)える
갈아타다	노리까에루	乗(の)り換(か)える